D0916426

Niña Celeste, Águila de M
Divina Protectora, Marav
Norte, Dama Apocalíptica
America, Aparecida, Reina A
Reina de los Mares, Paloma
Divina Torre de David,
Amabilis, Rosa Mística, Luz
Mañana, Macamé, Sagrada
del Mar Mexicano, Águila Ve
Soberana Aurora, Sagrada (
Chinaca, Patrona de Nuestra
Fuerte, Arca Salvadora, Fé
Ángeles, *American Phoe*
Poderosa, Indiarum Patrona
Notre Dame des Indes, Port

xico, Jefita de los Barrios,
a Americana, Estrella del
Generalísima, *Goddess of*
ñonada, Arca de la Alianza,
orena, Libertadora, Patrona,
licidad de México, *Mater*
e mi Verdad, Estrella de la
adre, Mujer Prodigio, Luna
cedora, Señora de los Cielos,
olla, Perla Preciosa, Virgen
bertad, Rosa Nuestra, Mujer
x Maravilla, Reina de los
x, *Tota Pulcra*, Virgen
Rostro y Corazón de Dios,
to Celestial, Virgen, Madre

GUADALUPE

Carla Zarebska

⎏DeBOLS!LLO

GUADALUPE

Primera edición en México, 2005
Primera edición para E.E.U.U., 2006

Edición y autoría:
© 2005, Carla Zarebska

Diseño gráfico:
© martha sánchez, Jorge González de León

Fotografías:
© Alejandro Gómez de Tuddo, páginas: 13, 51, 91, 94, 101, 105,
    110, 116, 126, 136, 137, 141, 142, 131, 133.

© Francisco Mata Rosas, página: 95
© Carla Zarebaska, página: 143
© Archivo Basilísco, páginas: 23, 30, 44, 55, 56, 82, 83, 93, 99,
    129, 138
© Pablo Aguinaco, páginas: 118-120
© Graciela Iturbide, página: 130

D. R. 2006, Random House Mondadori, S. A. de C. V.
      Av. Homero No. 544, Col. Chapultepec Morales,
      Del. Miguel Hidalgo,
      C. P. 11570, México, D. F.

www.randonhousemondadori.com.mx

Comentarios sobre la edición y contenido de este libro a:
literaria@randomhousemondadori.com.mx

Random House Mondadori México
ISBN-13: 978-970-780-307-7
Random House Inc.
ISBN-10: 978-0-307-39150-6

Impreso en México / *Printed in Mexico*
Distributed by Random House, Inc.

Mística Rosa
De la Patria mía,
Tus hijos te aman
Con idolatría.

ÍNDICE

NOTA EDITORIAL
El milagro era necesario   14
1531, 13 Ácatl   18
Tonantzin   22

EL NICAN MOPOHUA   30

LOS SÍMBOLOS
El rostro   36
La cruz   36
El manto estelar   36
El lazo negro   37
Nahui Ollin   37
Las 4 apariciones   38
Los rayos del sol   39
Las flores   39
El misterioso 8   40
Luna negra en cuarto creciente   40
El ángel   41

EL SIGLO XVI
Una moderada ermita de adobe   45
El segundo milagro   47
Milagros   50
La primera pugna antiaparicionista   52
Testimonio de un pirata   56

EL SIGLO XVII
Inundaciones, pestes y otros desastres   58
El exvoto de las velas   62
Clásicos de la literatura guadalupana   64

EL SIGLO XVIII
1709   66
1737 La terrible epidemia de Matlazáhuatl   69
1736/1743 Lorenzo Boturini   70
1748 Sermón profético   72
1754 Patrona de la Nueva España   75
1756 Maravilla Americana   76

EL SIGLO XIX

La Virgen de Guadalupe contra Napoleón   78
La generalísima   80
13 de agosto de 1822   83
Los Guadalupes   85
Los sentimientos de la nación   86
La fiesta de Guadalupe por Ignacio M. Altamirano   90
12 de octubre de 1895   92
El símbolo nacional por Manuel Gutiérrez Nájera   94

EL SIGLO XX

La revolución mexicana   97
El atentado de 1921   98
Favores   100
Ramón López Velarde   103
Waiting for the Virgin de Lawrence Ferlinghetti   104
Mandas y milagros   106
Peregrinaciones   108
Guadalupe Submarina   110
Respiro y baño místico por Rodolfo Usigli   114
12 de diciembre   116
El arte popular y la guadalupana por Carlos Monsiváis   121
El Dalai Lama en la Villa   122
Guadalupe Peregrina   125

GODDESS OF AMERICA

Ningún ser humano es ilegal   131
La jefita de los barrios   133
Adi Shakti   138
12 de diciembre en Nueva York   140
Chicano es chicano   144
Morgan Eagle Bear   146
Mariofanías   149
Libertadora de las aguas   150
Juan Pablo II: un Papa Guadalupano   152

BIBLIOGRAFÍA   158

Nota editorial

El presente libro tiene una edición anterior como antecedente directo: una versión de mayor formato publicada y editada por Carla Zarebska con el fotógrafo Alejandro Gómez de Tuddo en el año 2003.

"Hay libros hechos con el corazón y Guadalupe *es uno de ellos. Un libro rotundo y definitivo, el antes y después de Tonantzin-Guadalupe: principio creador de México, su hembra todopoderosa, su fuente de vida, su médula espinal, la única que no falla."*

Elena Poniatowska

"Guadalupe *es una de las reuniones iconográficas y textuales más ambiciosas e inteligentes hoy disponibles. Libro-arca, libro-ofrenda, libro único y uno, complejo e irrepetible: erudito, audaz, exacto, abigarrado.* Guadalupe *es un viaje público y secreto, un recorrido en vilo por las costuras religiosas que mantienen viva y creciente a la nación llamada México."*

Adolfo Castañón

"As much a book for the eye as it is for the heart. In the dark times in which we find ourselves, the story of la Virgen de Guadalupe is one of love and light."

Sandra Cisneros

"Guadalupe *es el libro que todo ser divino quisiera que le hicieran. Es un verdadero gozo la combinación de la determinación abstracta con la icónica, una complementación casi perfecta."*

Leonardo da Jandra

"A Masterpiece! One of the five best art books that we have ever had in our catalogues."

Lynne Bluestein/ University of New Mexico Press

*Nuestros mayores ofrecían corazones a Dios
para que hubiera armonía en la vida.
Esta Mujer dice que, sin arrancarlos, le pongamos
los nuestros entre sus manos para que Ella
los presente al verdadero Dios.*

Testimonio de Ismael Olmedo Casas,
San Miguel Zozocolco, Veracruz
un 12 de diciembre

…El milagro era necesario

y entonces acaeció el milagro.

En peregrinación al cerro del Tepeyac. Archivo General de la Nación, Col. Propiedad artística y literaria, *circa* 1908.

"(…)El indio, rodeado quizá durante milenios por divinidades benévolas o terribles, señor y esclavo de templos, pirámides y sacrificios, que comulgan con astros y con una tetralogía elemental sensitiva y profunda; el indio trashumante o asentado, avasallado o avasallador; el indio en todas sus formas individuales de existencia, ante el huracán de la Conquista, ante el caballo, el fuego mortal del arcabuz y el brillo asesino del acero, confirmó de un golpe la verdad de las viejas profecías y se quedó desnudo; comprendió por primera vez que la realización de una profecía, como la de un deseo, re-

presenta su disolución o su muerte y que, en seis palabras, repito, *el indio había perdido la fe*. Y como este país encabeza al nuevo mundo, al nuevo paraíso, la fe no podía quedarse así como así, inhibida en la atmósfera, entre el cielo y la tierra. Ni podía manifestarse por la destrucción, porque de eso se encargaban los españoles; ni por la construcción, porque de ella, en su forma arquitectónica al menos, se encargaban también los españoles. El milagro era necesario y entonces acaeció el milagro."[1]

[1] Usigli Rodolfo, *Corona de luz,* Fondo de Cultura Económica, col. Popular, México, 1992.

*El número **trece** en la vida y mística del mundo prehispánico era un
número perfecto y sagrado, y los
cielos estaban divididos en trece ni-
veles, siendo este último el más alto.*

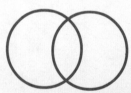

Vesica Piscis, *óvalo
formado por la inter-
sección de dos círculos,
símbolo de la perfección
y, en la geometría
sagrada, la silueta de
una virgen*

18 de marzo
eclipse de sol
15:06 horas
visible en el centro
de México

El cometa Halley
aparece en el cielo

1531

año 13 ácatl
el 13 perfecto

- trece años después de la llegada de los españoles
- era un año trece ácatl y se celebraba:
    el nacimiento del Sol
    la salida de Aztlán de los mexicas
    la fundación de México-Tenochtitlan.
- se cerraba el ciclo de 416 años de Venus
- en Tlatelolco se conmemoraba el fuego nuevo.

```
  1115  Salida de Aztlán
+  208  años
  1323  Fundación de México Tenochtitlán
+  208  años
  1531  Apariciones
```

"Dado que tanto los conquistadores como la incipiente evangelización les impedía a los indígenas llevar a cabo la ceremonia del fuego nuevo en el solsticio de invierno, fin de un siglo nahoa como había sido su tradición ancestral, encendiendo la lumbre sobre el pecho abierto de un sacrificado, era natural que en ese año y en esa fecha esperaran algún hecho especial, fuera de lo común..." [2]

[2] Rojas Sánchez Mario, *Guadalupe, símbolo y evangelización,* editor Othón Corona Sánchez, México 2001.

17

1531, 13 ÁCATL

el milagro del Tepeyácac

"Hace muchas pascuas de San Miguel, hace casi mil cosechas, hace casi 500 vuelos del Palo Volador, sucedió que allá en el centro de donde nos mandaban a nosotros, que éramos servidores del Emperador Gran Señor, que vestía fina manta y hermosos plumajes, y ofrecía por el pueblo al Dios bueno lo que la tierra producía y la sangre de sus hijos para que el orden de la vida siguiera adelante, llegaron hombres de cabello de sol, que nosotros ya sabíamos de su llegada; pero no esperábamos esos malos tratos de su parte, porque los creíamos enviados de los Ángeles, y sólo trajeron mugre, enfermedad, destrucción, muerte y mentira: nos hablaban de un Dios que amaba, pero ellos con su vida odiaban.

"El pueblo ya estaba cansado, cuando en una oscura mañana de la media cosecha fuerte del café, a uno de los nuestros les regaló Dios Espíritu Santo, un mensaje del Cielo. Como lo dijera el libro Grande de nuestros hermanos los mayas: el hombre se había portado mal y el gran Dios mandaría a alguien para rehacer el hombre de maíz.

"También el libro Grande de los españoles dice que después de que el hombre destruyó la armonía que había en el Universo, manifestado en el vuelo perfecto del Volador, merecía la vida sin felicidad, pero Dios prometió que alguien nacido de una de nuestra raza, mujer, nos devolvería la sonrisa a nuestros rostros, nos quitaría el mecapal con la carga en la cuesta más pesada y haríamos fiestas días enteros, sin acabarse.

"Apareció, así lo dicen los jefes, en el cerro del Anáhuac, una señal del mismo Cielo, a donde llega la manzana del Volador: una mujer con gran importancia, más que los mismos emperadores, que, a pesar de ser mujer, su poderío es tal que se para frente al Sol, nuestro dador de vida y pisa la luna, que es nuestra guía en la lucha por la luz, y se viste por las estrellas, que son las que rigen nuestra existencia y nos dicen cuándo debemos sembrar, doblar o cosechar.

"Es importante esta mujer porque se para frente al sol, pisa la luna y se viste con las estrellas, pero su rostro nos dice que hay alguien mayor que ella, porque está inclinada en signo de respeto.

"Nuestros mayores ofrecían corazones a Dios para que hubiera armonía en la vida. Esta mujer dice que, sin arrancarlos, le pongamos los nuestros entre sus manos para que Ella los presente al verdadero Dios.

"Los tres volcanes surgen de sus manos y en su pecho, aquellos que flanquean el Anáhuac y el que vio la llegada de nuestros dominadores, que para Ella tienen que ser tenidos y tenernos como de una nueva raza, por eso su rostro no es ni de ellos ni de nosotros, sino de ambos. En su túnica se pinta todo el valle del Anáhuac y centra la atención en el vientre de esta Mujer, que, con la alegría de la fiesta, danza porque nos dará a su hijo, para que con la armonía del ángel que sostiene el cielo y la tierra se prolongue una vida nueva. Esto es lo que recibimos de nuestros ancianos, de nuestros abuelos, que nuestra vida no se acaba, sino que tiene un nuevo sentido, y como lo dice el libro Grande de los españoles, que apareció una señal en el cielo, una mujer vestida de sol, con la luna bajo sus pies y una corona de estrellas y está a punto de parir." [3]

[3] Testimonio de Ismael Olmedo Casas de San Miguel Zozocolco, Veracruz. Tomado del libro *El encuentro de la Virgen de Guadalupe y Juan Diego*, de Fidel González Fernández, Eduardo Chávez Sánchez y José Luis Guerrero Rosado. Ed. Porrúa, México 2001.

SÁBELO, QUE esté así en tu
corazón, hijo mío,
el más pequeño, en
verdad soy yo,
la en todo siempre
doncella, Santa María,
su madrecita de Él,
Dios verdadero,
Dador de la Vida,
Inventor de la gente,
Dueño del cerca y del junto,
Dueño de los cielos,
Dueño de la
superficie terrestre.

NICAN MOPOHUA

TONANTZIN

nuestra venerada madre

*Tonantzin-Guadalupe es, pues, una sola
deidad: la diosa madre de todos los mexicanos. (...) No sólo somos
un pueblo con treinta siglos de historia, sino que somos una historia
con treinta siglos de sacralidad, o lo que es lo mismo: una historia
plenamente mítica, donde lo más grande es nuestra
sagrada madre Tonantzin-Guadalupe.*
Leonardo da Jandra, revista *Viceversa*, febrero de 1997

En 1474, año del nacimiento de Juan Diego Cuauhtlatoatzin (que en náhuatl significa "el águila que habla"), uno de los más importantes tlatoanis dirigía a los aztecas; el primer Motecuhzoma y su hermano Tlacaélel, responsables de uno de los momentos de mayor influencia y poderío del imperio mexica. Contemporáneos del sabio poeta, rey de Texcoco: Nezahualcóyotl, quien murió en 1472.

Sabían que el equilibrio del valle –y de la vida misma– dependía de la armonía entre los opuestos. La identidad femenina del valle de México descansa en el cerro sagrado del Tepeyácac y su puerta de entrada es Tlatelolco. Y en lo masculino, el cerro sagrado de Chapultepec, puerta de entrada hacía aquella isleta (hoy zócalo) del águila devorando a una serpiente sobre un nopal. Aunque dicen los que saben que no la devora, simplemente la empluma. Los guardianes son un volcán hembra y el otro macho.

De un costado del Templo Mayor salía una de las cuatro calzadas que conectaban la antigua isla con el resto del valle y el mundo: la calzada del norte llamada Tepeyácac, que terminaba directamente en aquel templo, cerro y pirámide y en el cual se rendía culto a la diosa Madre, la diosa Tierra, la Tona, la Toci, la abuela, nuestra venerada madrecita. Y de los cuatro rumbos del universo llegaban a ofrecer tributo, a arrancarse el corazón, a peregrinar en su nombre.

"Cerca de los montes... está un montecillo que se llama Tepeyac y los españoles llaman Tepeaquilla, y ahora se llama Nuestra Señora de Guadalupe. En este lugar tenían un templo dedicado a la madre de los dioses, que llamaban Tonantzin y que quiere decir Nuestra Madre. Allí hacían muchos sacrificios a honra de esta diosa. Y venían a ellos de más de veinte leguas de todas las comarcas de México y traían muchas ofrendas.

Venían hombres y mujeres, mozos y mozas a estas fiestas. Era grande el concurso de gente en estos días y todos decían 'Vamos a la fiesta de Tonantzin'. Y agora que está allí edificada la iglesia de Nuestra Señora de Guadalupe, también la llaman Tonantzin, tomando la ocasión de los predicadores que a Nuestra Señora la Madre de Dios la denominan Tonantzin. De donde haya nacido esta fundación de esta Tonantzin no se sabe de cierto; pero lo que sabemos verdaderamente es que el vocablo significa de su primera imposición a aquella Tonantzin antigua. Y es cosa que se había de remediar... parece esta invención satánica para paliar la idolatría bajo la equivocación de este nombre Tonantzin: y vienen ahora a visitar a esta Tonantzin de muy lejos, tanto, como antes; la cual devoción también es sospechosa, y porque en todas partes hay muchas iglesias de Nuestra Señora y no van a ellas: y vienen de lejos tierras a esta Tonantzin como antiguamente".[4]

Bernardino de Sahagún, (1500-1590),
Historia General de las cosas de la Nueva España.

Ofrenda en el cerro del Tepeyac, Archivo General de la Nación, Col. Propiedad Artística y Literaria, *circa* 1926.

[4] León Portilla, Miguel, *Tonantzin Guadalupe, pensamiento náhuatl y mensaje cristiano en el Nican Mopohua,* El Colegio Nacional, Fondo de Cultura Económica, México, 2001.

INVOCACIÓN

En nombre del Padre Cielo, de la Madre Tierra
y del mar que los unifica
te pido gran espíritu que estés con nosotros.
Guardianes de los cuatro rumbos del Universo,
les pido que estén con nosotros.
Ángeles guardianes de mis hermanos y hermanitas,
les pido que estén con nosotros.

Santa María, Madre de Guadalupe,
señora Tonantzin, madrecita Gaia,
cúbrenos con tu manto celestial
y ayúdanos a regresar al camino de la luz
con más fuerza y voluntad.

Y así les pido que nos concedan los cuatro atributos
*   de los cuatro elementos.*
A través del aire concédanos claridad en nuestros
*   pensamientos*
y solución a los problemas que enfrentamos.
A través del fuego un corazón verdadero, justo y digno
que luche por las verdades en las que creemos.
También te pedimos que las bendiciones de la tierra
las podamos compartir con nuestros seres queridos y
*   cercanos,*

y no te olvides de los que menos tienen,
los que tapan su rostro para ser vistos,
los que guardan silencio para ser escuchados,
los que batallan por un techo, por un alimento,
nosotros que somos tan privilegiados,
sirva este pequeño sacrificio para mandarles tus
*   bendiciones.*
Pedimos que a través de los atributos
del agua sea la fuerza del amor
la fuerza que prevalezca sobre todas las fuerzas.

Te pedimos disculpas por nuestros miedos,
nuestros falsos intereses personales,
nuestra debilidad,
nuestra arrogancia.
Danos fuerza, danos luz, danos claridad
para cumplir con los propósitos
para los que fuimos creados y
así contribuir a las metas divinas del Universo.

Él es Dios, Ella es Diosa,
nosotros somos dioses
nosotros somos diosas
Ometéotl, Omecíhuatl, Ometecutli

Carlos Gómez, Curandero
Cuernavaca, Morelos, 2002

En 1494 Cristobal Colón bautizó a una franja de su recién descubierta *terra incognita*, con el nombre de Guadalupe, en honor a la Virgen española de Extremadura. Por esas mismas fechas, la tradición nos habla de un indio macehual, mecapal, un indio cola que nació y creció en el señorío de Cuauhtitlán, la zona femenina del valle, a unos quince kilómetros al norte del cerro del Tepeyácac. Un macehual se casaba una sola vez, a diferencia de los indios nobles que tenían varias mujeres; tampoco eran personas que pudiesen acumular riqueza, y vivían de una manera digna y sencilla del trabajo que realizaban en labores del campo o artesanales. Vestían ropa de manta o ayate y por respeto a las jerarquías más altas no podían llevar plumas, piel, jade, oro u otro adorno propio de la nobleza. Tlatelolco, antes de su destrucción en 1521, había sido uno de los barrios más importantes de México Tenochtitlán, con un mercado en el que se podían observar a más de treinta mil almas cualquier mañana; vendiendo, comprando, haciendo trueque en un mar de aromas alucinantes y con criaturas de todo tipo. En 1535 los frailes franciscanos fundaron el Convento de Santiago Apóstol en honor a aquel famoso matamoros que les había ayudado a expulsar a los árabes de España y al cual se le vio, según crónicas y testimonios, en idéntica pelea contra los aztecas montado sobre su caballo blanco en los campos de batalla. A un costado del con-

Frontispicio del libro de Miguel Sánchez, (detalle). México, 1648. Centro de Estudios de Historia de México, Condumex.

vento edificaron el Colegio Imperial de Santa Cruz de Tlatelolco, en donde impartían enseñanza a los indios de México. Construido por el primer virrey don Antonio de Mendoza, contó después con el total apoyo del también primer arzobispo del Anáhuac, fray Juan de Zumárraga. Hombres como Sahagún, Torquemada, Motolinía, fueron algunos de los famosos habitantes, sacerdotes y maestros de este convento. Nuestro Cuauhtlatoatzin ahí fue bautizado por los frailes franciscanos sin ningún recuerdo de violencia, con el nombre de Juan Diego, tal vez en honor a uno de los santos predilectos de los frailes, Diego de Alcalá, que entre sus atributos estaba el llevar siempre una canasta de rosas rojas y otra de pan para regalar a la gente. Por este motivo, muchos indios fueron bautizados en ese tiempo con el nombre de Diego.

El hoy santo Juan Diego, se dice que tuvo una sola mujer, Malintzin, bautizada como María Lucía, y que al morir ésta en 1529, se mudó a vivir con su tío Juan Bernardino. Juan Diego acudía regularmente al convento y al colegio de Tlatelolco a escuchar misa y recibir enseñanza, y fue en una de esas mañanas, camino del cerro del Tepeyácac al colegio, cuando comenzó su diálogo con la Señora del Cielo.

Un diálogo que no se ha interrumpido en todo México desde entonces. Acudir a la promesa de la muchachita Celeste es pisar por un momento esa tierra del indio Juan Diego y prolongar esa promesa de amor realizada hace 474 años.[5]

[5] Según Gutierre Tibón, el origen de la palabra árabe Guadalupe es "río de amor".

La historia de las apariciones de NS de Guadalupe se mantuvo de boca en boca, hasta que alguien la narró en náhuatl, tal como la Virgen se había dirigido al indio Juan Diego. El texto tiene todo el sentimiento y la expresión de los antiguos moradores de estas tierras y su intensidad poética tiene un efecto que se apodera del lector desde la primera línea.

El bachiller Luis Lasso de la Vega, capellán del Santuario de Guadalupe de 1647 a 1657, publicó en 1649 un libro titulado: *Huei Tlamahuizoltica, Omonexiti in Ilhuicac Tlatoca Zihuapilli Santa María Totlaconantzin Guadalupe in Nican Huei Altepenahuac México Itocayocan Tepeyácac.* La primera parte pudo haber sido escrita antes de 1548, y es lo que llamamos *Nican Mopohua,* que significa "así habló", escrita por alguien que sentía y manejaba como suya la lengua náhuatl. Por eso cuesta creer que el bachiller haya sido el autor del texto, razón por la cual un grupo importante de historiadores, a lo largo de los siglos, se han inclinado por adjudicar la autoría al sabio Antonio Valeriano que nació en Azcapotzalco antes de la conquista de México. De origen noble tepaneca y alumno fundador del Colegio de Santa Cruz de Tlatelolco, Valeriano impartía la cátedra de filosofía, gramática latina y náhuatl. También fue rector de dicho colegio y de los más cercanos colaboradores de fray Bernardino de Sahagún en la elaboración de sus libros. Entre los discípulos más notables de

Valeriano estaba Torquemada, a quien enseñó el náhuatl y también Juan Bautista. Fue "elegido gobernador de México, y gobernó más de treinta y cinco años a los indios de esta ciudad, con grande aceptación de los virreyes y edificación de los españoles; y por ser hombre de muy buen talento tuvo noticia el rey de él y le escribió una carta muy favorable"[6].

En 1648, un compañero del bachiller Lasso de la Vega, el padre Miguel Sánchez famoso por sus sermones y el manejo de la palabra, llamó a la virgen morena "mujer prodigio y sagrada criolla", y publicó lo que se considera el primer libro histórico guadalupano titulado: *Imagen de la Virgen María, Madre de Dios de Guadalupe. Milagrosamente aparecida en la ciudad de México. Celebrada en su historia, con la profecía del capítulo doce del Apocalipsis*. El espíritu y el orden de la narración de las cuatro apariciones al indio Juan Diego es similar al *Nican Mopohua*, pero está escrito en castellano, con un largo ensayo en el cual hermana a la mujer del Apocalipsis y a la madre de Dios, con la presencia de la Virgen de Guadalupe en tierra azteca. Pero con el paso del tiempo, la poesía y la ternura del texto del indio mestizo Valeriano fue ganando lugar a este primer libro guadalupano. Un cuarto personaje, Fernando de Alva Ixtlilxóchitl, fue alumno de Valeriano en Tlatelolco, descendiente del último rey de Texcoco y de Nezahualcóyotl. Hombre culto, fue uno de los más importantes historiadores del México antiguo. Entre sus libros escribió la segunda parte del libro publicado por Lasso de la Vega, complemento al texto de Valeriano: *Nican Moctepana*, que significa "aquí se refieren", en donde da cuenta de algunos de los milagros de la Virgen y una síntesis biográfica de Juan Diego y su tío Juan Bernardino. Además de la cercanía de Ixtlilxóchitl y Valeriano en el Colegio de Santa Cruz de Tlatelolco, el primero fue intérprete y el segundo juez del Juzgado de Indios de la ciudad de México.

[6] Brading, David, *La Virgen de Guadalupe, imagen y tradición*, Ed. Aguilar, Altea, Taurus, Alfaguara, México, 2002.

El *Nican Moctepana* es una especie de complemento al *Nican Mopohu*a y a la muerte de Valeriano en 1605, se presume que Fernando de Alva Ixtlilxóchitl lo guardó, añadiendo más tarde su propia narración. ¿Por qué no se publicó entonces? Es un misterio que jamás resolveremos, pero el cual tal vez esté relacionado con la pugna franciscana de las apariciones que se desató en 1556, la cual referiré más adelante, y el tajante rechazo de Sahagún, maestro y sacerdote tanto de Valeriano como de Ixtlilxóchitl, por considerar el culto de Guadalupe como una extensión del rito a la venerada Madrecita Tonantzin del Tepeyácac, ambos idolátricos y hasta diabólicos desde su punto de vista.

Becerra Tanco, otro importante historiador guadalupano, ceritifica bajo juramento en las *Informaciones Guadalupanas* de 1666, haber visto el manuscrito de Valeriano en manos de Ixtlilxóchitl, quién a su muerte dejo toda su biblioteca a Juan de Alba y Cortés, el cual prestó el manuscrito de Valeriano e Ixtlilxóchitl a Lasso de la Vega para publicar el *Huei Tlamahuizoltica*. Alba y Cortés muere en 1662, y a falta de herederos, deja todos sus bienes a Carlos de Sigüenza y Góngora, entre ellos estos dos importantes libros.

HVEI

TLAMAHVIÇOLTICA

OMONEXITI IN ILHVICAC TLATOCA
ÇIHVAPILLI

SANTA MARIA

TOTLAÇONANTZIN

GVADALVPE IN NICAN HVEI ALTEPE-
NAHVAC MEXICO ITOCAYOCAN TEPEYACAC.

—[❋]—   ]*[—❋—   ]*[[❋]

Impreſſo con licencia en MEXICO : en la Imprenta de Juan Ruyz.

Los Símbolos

La Reina Madre aparece con una serie de signos reconocibles en la jerarquía de valores indígenas que escaparon entonces a la comprensión hispana.

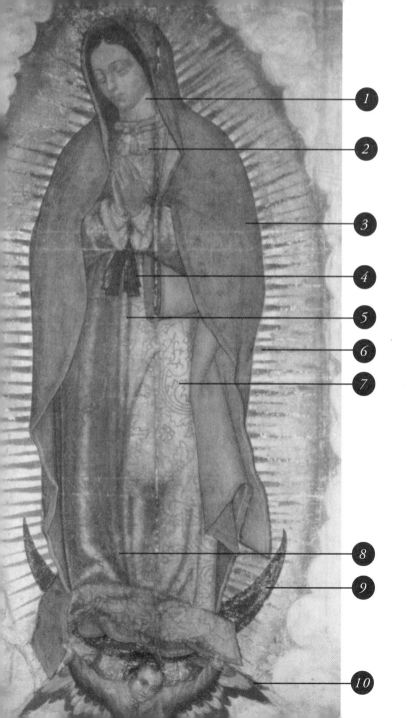

_1_ ROSTRO DE DIOSA JOVEN, madre niña

Si el ángel es considerablemente adulto, la Virgen es joven, "niña mía". Encarna un rostro que no es ni indio ni español, sino mestizo. A diez años de la conquista, apenas se veían adolescentes mestizos por el valle de Anáhuac. Ella sugiere esa síntesis, esa nueva raza. La Virgen de Guadalupe es la mestiza por excelencia y la gente la llama en sus momentos más íntimos: la Morena.

_2_ LA CRUZ en el pequeño broche de su cuello

> _NUEVAMENTE LA síntesis de las dos culturas:_
> _en su vientre el quincunce indio,_
> _símbolo sagrado por excelencia,_
> _y en el cuello la cruz española,_
> _símbolo del evangelio_

_3_ EL MANTO ESTELAR, cuarenta y seis estrellas de ocho puntas la cubren de la cabeza a los pies:

"... el manto de la Señora (azul y tachonado de estrellas), era el _Xiuhtilmatli_/ la tilma de turquesa, propia sólo de los más altos tlatoanime, que inevitablemente traía también a la memoria india a Huitzilopochtli, porque el Cielo Azul era el séptimo cielo de los trece cielos, dónde él residía, y ese era el nombre de su templo en Tenochtitlán. Las estrellas que en él brillaban sobreponían en la mente india otro concepto: Citlalinícue, la de la falda de estrellas, otro nombre de Ometéotl indigerible para la ortodoxia de los frailes por su matiz femenino, pero caro a la sensibilidad de los evangelizadores precisamente por eso mismo, por su toque maternal, y precisamente con materna conciliación la Señora no pronuncia ese nombre, no ofendiendo así oídos españoles, pero sí lo dibuja a sus hijos indios, dándoles una muestra de aceptación y amor... Pero había otra parte del mensaje: no sólo el ángel les mostraba unificados y en paz a todos los dioses que habían protagonizado el enfrentamiento divino que los indios siempre creyeron había sido la conquista, sino que veían a los principales actores del conflicto cósmico en que los hombres habían asumido un papel de primer plano también pacífica y reverentemente juntos, haciendo marco a la madre de Ometéotl: el sol, la luna y las estrellas".[7]

[7] Guerrero José Luis, *Los dos mundos de un indio santo: cuestionario preliminar de la beatificación de Juan Diego,* Ed. Realidad, Teoría y Práctica, México 2001.

EL LAZO NEGRO alrededor de su vientre,
por arriba de su cintura, anuncia su preñez.

NAHUI OLLIN El quincunce

los cuatro movimientos del sol
el cuatro unido por un quinto elemento

A la altura del vientre, donde terminan las puntas del lazo negro, nace una pequeña flor de cuatro pétalos, la única de su estilo que puede apreciarse en toda la tela del vestido. Este discreto símbolo, sutil y poderoso a la vez, estaba cargado de significado para los antiguos –e inconscientemente para nosotros. Era el Nahui (cuatro), Ollin (movimiento), y representa los cuatro movimientos del sol que observaron los astrónomos: dos equinocciales y dos solsticiales. Cuando el *Nahui Ollin* coincidía con la segunda trecena del Tonalamatl, calendario de los días rituales o año religioso de 260 días, que comprendía veinte períodos de trece días cada uno, se convertía en el fenómeno solar Nahuiollin y se hacía una gran fiesta en su honor.

En la pirámide del Sol de Teotihuacán se encontró, apenas hace un par de décadas, un túnel que desemboca a una cueva en forma de flor de cuatro pétalos apuntando hacia los cuatro rumbos cardinales unidos por un centro, un quinto elemento. Esta flor representa el corazón de la pirámide y arde en llamas.

"¿No estoy yo en el cruce de tus brazos?", la Niñita Celeste llega a nosotros a través de las emociones que surgen en el plexo solar, desde su vientre al nuestro, en el cruce de los brazos, en la curvatura de la tilma de Juan Diego. Un sol equivalía a una edad. La Madre recoge el dolor y lo fecunda, es ella en verdad el renacimiento del quinto sol, el quinto elemento que cohesiona los otros cuatro.

LAS 4 APARICIONES

norte
12 de diciembre de 1531
negro
Colibrí azul
Voluntad

oeste
11 de diciembre
rojo
papagayo
equilibrio

este
9 de diciembre
blanco
guacamaya
comprensión

sur
10 de diciembre
azul
quetzal
renovación

Huitzilopochtli,
el dios solar, el colibrí sagrado
hijo de Coatlicue, la acompaña hasta
el país de las águilas para dar la buena nueva:
¡Dios no ha muerto!

Pero la Niñita Celeste también se para frente al Sol y
lo eclipsa: "El Sol temía que había de eclipsarse,
sol obscurabitar. Pues, ¿qué traza? A esconderse
tras ella, que como sea su cuerpo el interpuesto
tendrán sus luces mayor auge. Los ángeles
no ignoraban (qué no ignoran los
ángeles) que habían de temblar
(...) Así la vistieron los astros cuando apareció a San Juan,
en el cielo, y así se retrato en aquella copia, cuando apareció
a Juan Diego en nuestra tierra." [8]

[8] Brading David A., *Siete sermones guadalupanos (1709-1765)*, Centro de Estudios de Historia de México, Condumex, México, 1994.

LAS FLORES: in xóchitl in cuicatl   *7*

Sin sol no hay flores. Paraíso y feminidad al mismo tiempo.
Juventud, vida, amor, fragilidad, poder divino. La prueba del
milagro son un montón de rosas de castilla totalmente fuera de
temporada durante el invierno y absolutamente inusuales en el
cerro de Tepeyácac, morada de cactáceas, riscos, abrojos,
huizaches, nopales, mezquites y flores silvestres.

La rosa roja es un poderoso símbolo cristiano que representa
a la Virgen Madre y a la sangre derramada por Jesús en la cruz.
Atributo también de santas y místicas. En algunos confesionarios
se llega a encontrar una rosa de cinco pétalos que representa el
secreto, lo oculto. Las rosas rojas del Tepeyácac son un símbolo

inequívoco de conciliación entre ambos mundos: el cristiano y el indígena. Para el universo indio un signo importante de representación divina eran las flores, más aún, las flores de aroma. Un algo sagrado. La evocación de Dios en la tierra; motivo de celebración y consuelo.

Según el análisis de Salvador Díaz Cíntora en su libro Xochiquétzal, las flores del vestido delineadas en oro no se parecen a ninguna otra, más que ¡al glifo del Tepeyácac!. También puede relacionarse con los glifos prehispánicos: corazón, la flor de corazón o magnolia y cara.

8 EL MISTERIOSO 8 sobre la túnica rosada, el infinito

A propósito le escribieron un verso en 1811:

[9] García Gutiérrez, Jesús, *Cancionero Histórico Guadalupano*, Ed. Jus, México, 1947.

> "...*EL NÚMERO ocho tiene*
> *en la rosada túnica, y previene*
> *de este cifrado modo*
> *que habrá de libertar el reino todo*
> *por su alta mediación*
> *de alguna cruel, tiránica invasión.*
> *Nueva España, estarás serena, afable,*
> *en ochocientos ocho memorable...*" [9]

9 LA LUNA NEGRA en cuarto creciente

LA SEÑORA descansa sus pies sobre una luna
que apenas comienza a crecer, y que representa
el movimiento cíclico, la presencia del destino:
el renacimiento.
Podemos ver sobre la luna, casi imperceptible,
la punta del pie derecho de la Virgen

EL ÁNGEL y el color de las plumas de sus alas

Sombra de Dios: espina preciosa,
corazón del agua, llama de fuego.

"El toque más indio del cuadro es el ángel que sostiene a la señora. La iconografía europea amaba ciertamente a los querubines, mofletudos y rosadas, y los prodigaba en sus representaciones marianas, pero el ángel del Tepeyac no se les parece. Él sí es inconfundiblemente indio, y no es un bebé, sino un joven de semblante grave y aún adusto. Sus alas tienen un detalle ásperamente discordante para la estética europea (de la época), plumas de tres colores: azul verdoso, blanco amarillento y rojo.

Este detalle, medio chocante para nosotros, de que el ángel sea un joven con aduta expresión de anciano, grave y compuesto, para el indio era evocar enseguida a Tepochtli: el mancebo. Una de las advocaciones nada menos que de Texcatlipoca, archienemigo de Quetzalcóatl. Y es imposible rehusar su identificación, puesto que él también era llamado Yohualli Ehécatl, y era él con quien podemos relacionar las plumas de los tres colores juntos: verde, blanco y rojo: de quetzal, pelícano y guacamaya. Traía un tocado de plumas de quetzal y otras blancas, con una diadema de corazones humanos y una flor roja delante, símbolos ambos del sacrificio.

Sahagún habla de cada una de las plumas en su libro XI y nos confirma que las verdes eran, desde luego, de quetzal, símbolos por antonomasia de la belleza: plumas delgadas del ala que se llaman quetzahuitztli "espina preciosa", que son verdes, claras, largas, derechas y agudas de las puntas. Del pelícano del que no sería extraño encontrarnos entonces en el valle de México, pues hay que recordar que tenía un verdadero mar interior y era el rey de todas las aves, el corazón del agua, títulos si se comprenden si se ve su enorme tamaño y su aspecto majestuoso. De las plumas rojas de la guacamaya consigna:

llámanse quetzalin, que quiere decir llama de fuego. Sahagún, por supuesto, al mencionar estas plumas no habla de Guadalupe, devoción que nunca le hizo gracia y combatió todo lo que pudo sino de lo que sentían los indios de cada tipo de plumas ricas; pero, sin quererlo, vino a añadirnos otras dos divinidades a nuestra ya bien surtida asociación pictográfica: el blanco y el rojo de las alas del ángel también hablaban de Tláloc, el dios del agua y Xiuhtecutli, dios del fuego, los dos dioses que tanto asombraran a los indígenas que venciera 'Quetzalcóatl' (Hernán Cortés) al subir al Popocatépetl".[10]

[10] Guerreo José Luis, Op. Cit.

Son los pájaros que cantan, que agitan sus alas llamando así la atención de Juan Diego en el cerro del Tepeyácac. Lo significativo es que los tres colores de las alas del ángel serán, con el paso del tiempo, los colores de la identidad nacional, de nuestra bandera al independizarse México de España: verde, blanco y rojo.

Una moderada ermita de adobe

*Fray Juan de Zumárraga fue nombrado "obispo
de una extensa diócesis el 12 de diciembre de 1527,
con límites aún no definidos y no erigida, cuya sede se ubicaría
en la ciudad de México Tenochtitlán, quien partió a
la Nueva España sin recibir sus bulas, ni consagrarse".*[11]

Nuestro primer obispo llegó a tierras mexicanas un año después de su nombramiento, el 6 de diciembre de 1528 y vivió en lo que hoy conocemos como el antiguo Palacio del Arzobispado, en la calle de Moneda, en el costado norte del Palacio Nacional. Un palacio edificado sobre los restos del que fuera el templo de Tezcatlipoca, al sur del Templo Mayor, en el rumbo gobernado por el dios Huitzilopochtli, a quien también se le conocía como el Tezcatlipoca azul. En las *Informaciones Guadalupanas* de 1666, los testigos mencionan una procesión a los quince días de la aparición al indio Juan Diego que salió del palacio del arzobispado, encabezada por Zumárraga: "religioso del señor San Francisco, descalzo de pie y pierna con todo lo mejor de la ciudad y las religiones" y llevando la tilma con la imagen de NS de Guadalupe pasó frente a Catedral y se enfiló por la calzada del Tepeyácac, a su morada definitiva: "así mismo sabe y le consta, por habérselo dicho sus padres, abuelos, antepasados y otras infinitas personas constituídas en dignidades, que ocupaban los mayores puestos de este reino, en quienes se hallaba de próximo la dicha aparición de Nuestra Señora de Guadalupe, que llamaban la Criolla y de México, como habiendo el dicho señor ilustrísimo D. Fray Juan de Zumárraga experimentándola la dicha aparición, trató y con efecto dispuso tener a la Reyna de los Ángeles María Santísima Señora Nuestra, con la decencia y veneración debida, colocándola por espacio de quince días en el oratorio y capilla de la casa arzobispal de su morada; que al fin los dichos quince días

[11] Castro, Efraín, *Antiguo Palacio del Arzobispado*, Museo de la Secretaría de Hacienda y Crédito Público, México, 1997.

Relieve de cantera realizado por los indios de Tulpetlac, siglo XVI. Catedral de Cuernavaca, Morelos.

S.S. Ilustrísima la avía colocado en la Santa Iglesia Catedral y desde ella para que lo quedase en la pequeña ermita que le había fabricado en el lugar que el dicho Juan Diego había señalado, dispuso llevarla en procesión, como en efecto lo hizo, con una muy solemne, respecto de que había asistido a ella todo el clero, Real Audiencia, etcétera, y que habiendo conseguido colocarla en la dicha ermita, desde aquel día que según se quiere acordar este testigo, le dijeron, que fue el primero o segundo de pascua de navidad de dicho mes y año de quinientos treinta y uno, dio principio esta Señora a hacer tantos y tan innumerables milagros".[12]

[12] Montes de Oca, Luis T., *Las tres primeras ermitas Guadalupanas del Tepeyac*, Sin editor, México, 1937.

Samuel Stradanus, *ca.*1615-1620, (detalle).

EL SEGUNDO MILAGRO

Hubo fiesta y alegría en la procesión por la calzada del Tepeyácac para acompañar a la Virgen, pero también un herido de muerte: "en ocasión de trasladarse la sagrada imagen al primer templo que se erigió en su honor, en medio de solemnísimo ceremonial, procesión nutrida seguida de gran número de indios que daban muestras de inusitado regocijo con alegres danzas y mitotes, simulación de combates y otras cosas por el estilo, a uno de ellos se le disparó una flecha que fue a clavarse en el cuello de otro indio, produciéndole muerte instantánea; llevado fue hasta los pies de la imagen, se le extrajo la flecha, volviendo a la vida en medio de estupefacción y beneplácito del regio y nutrido concurso".[13]

Podemos considerar este hecho como el segundo milagro guadalupano, recordemos que la Virgen se aparece a los pies de un moribundo Juan Bernardino; tío de Juan Diego, para hablarle y salvar su vida.

[13] Fernández del Castillo, Francisco; García Granados, Rafael; Mac Gregor, Luis; E. Rosell, Lauro, *México y la Guadalupana, cuatro siglos de culto a la patrona de América*, Secretaría del Arzobispado de México, 1931.

Traslado de la imagen de la Virgen de Guadalupe a la primera ermita, 1653. Museo de la Basílica de Guadalupe.

Milagros

A un hombre que rezaba
frente a la imagen de NS de
Guadalupe le cayó sobre la
cabeza una lámpara de acei-
te caliente que pendía del techo. Nada le ocurrió a pesar
del gran golpe y lo curioso
es que también la lámpara
y el fuego salieron ilesos.

Dos relámpagos salieron de la sagrada imagen cuando el
licenciado Acuña se preparaba a iniciar su misa. Enseguida
se encendieron las ceras del altar mayor de la ermita.

Un hombre que vivía atormentado por un insufrible dolor de
cabeza y oídos, pidió que lo llevaran al templo del Tepeyac,
en donde se puso a rogarle con toda la fuerza de su corazón
para que lo aliviara. Al regreso del santuario, ya no sentía
dolor. (*Nican Moctepana*, siglos XVI-XVII)

Sus favores ahora se cuentan por
millones, y ni el cronista más afa-
nado y entendido lograría reco-
gerlos todos dedicándole una
vida entera. Pero una sola clave
basta para acceder a ella, así me
lo dijo Abelina de Michoacán,
una tarde, en la explanada de la
Basílica: "hay que pedirle con el
corazón abierto, mire, a mí me
agarró una impresión y aquí se
me vino a quitar después de muchos meses. Y yo siempre ven-
go a darle las gracias porque no
me falla, pero es con el corazón
como se piden sus favores".

1556:
LA PRIMERA PUGNA
PÚBLICA ANTIAPARICIONISTA

Bustamante contra Montúfar

[14] Montes de Oca, Luis, *Las tres primeras ermitas guadalupanas del Tepeyac*, Imprenta Labor Mix, México, 1937.

El arzobispo Montúfar pertenecía a la orden de los dominicos, a diferencia del primer obispo, de la orden de San Francisco. Y la primera controversia que tuvo con la creciente y poderosa legión de franciscanos, fue al mostrar su intención de reformar la agresiva política de conversión de dicha orden, y su exagerada actitud paternal "en misión constante de algo que ellos sentían que les pertenecía sin discusión alguna". Montúfar deseaba establecer una "Iglesia más diocesana, con los recursos materiales adecuados como lo eran los diezmos, que pretendía tener cura de los fieles por medio de parroquias que actuarían bajo los conceptos y las normas de una Iglesia jerárquicamente establecida".[14]

[15] González, Fidel; Chávez Sánchez, Eduardo; Guerrero Rosado, José Luis, *El encuentro de la Virgen de Guadalupe y Juan Diego*, Editorial Porrúa, México 2000.

Pero lo que terminó por exasperar a una fracción franciscana, fue que en una homilía en Catedral, el arzobispo Montúfar apoyó y motivó el culto a Nuestra Señora de Guadalupe y ordenó la construcción de una ermita más grande, ya que no era suficiente el espacio, además de asignar un capellán estable.

"El 20 de noviembre de 1555, el provincial, fray Francisco de Bustamante junto con algunos franciscanos, entre los que destacaban fray Toribio de Motolinía y Juan de Gaona, escribían una larga carta al rey quejándose del arzobispo".[15]

Fue en este marco que la desesperación del provincial se vio rebasada y, delante del virrey Luis de Velasco y de la audiencia de México, acusó a Montúfar en un sermón en la capilla de san Francisco, "de fomentar la idolatría al apoyar la devoción a la

Virgen de Guadalupe, imagen que, según él, había pintado el indio Marcos, y que era falso que hiciera milagros, o al menos no probados, fomentando así la idolatría e indirectamente de peculado, insinuando que disponía indebidamente de las limosnas, y que fuera bien al primero que dijo que hacía milagros que le dieran cien azotes, y al que lo dijere aquí en adelante, sobre su ánima le diesen doscientos".[16]

[16] *ibidem*
[17] *ibidem*

El escándalo fue terrible y al final tuvo que intervenir el propio virrey para darle una salida política a este conflicto. Hubo testimonios de todo tipo que quedaron en actas y en ellos se habló de una devoción guadalupana que, para entonces, ya era bastante popular. Y no sólo para los indios, sino también en las clases altas: "mujeres y hombres, de edades mayores y enfermos, los niños pequeños que tienen entendimiento, como ven a sus padres y personas mayores tratar de esta devoción, importunan mucho que los lleven allá, y que es verdad que allá topó con muchas señoras de calidad que iban de pie, y otras personas, hombres y mujeres de toda suerte van descalzas señoras principales y muy regaladas, y a pie con sus bordones en las manos, a visitar y encomendar a nuestra señora"[17]

Montúfar no recibió los cien azotes que proponía Bustamante, y este último quedó depuesto como provincial y terminó en Cuernavaca en calidad de morador; fue reelecto provincial unos años más tarde y enviado a España, donde murió recluido en un convento. La devoción guadalupana siguió creciendo y también las pugnas antiaparicionistas entre miembros de la Iglesia e historiadores.

"(...) Bernal Díaz del Castillo no estaba en México en 1531

y todo los que se dice acerca de la Virgen de Guadalupe y de los santos milagros que hace cada día, lo supo en Guatemala:

Virgen de Guadalupe, Anónimo. Siglo XVIII. Leyenda: " A devoción de Juan de la Trinidad Bautista"

Luego mandó Cortés a Gonzalo de Sandoval que dejase aquello de Ixtapalapa, e fuese por tierra a poner cerco a otra calzada que va desde México a un pueblo que se dice Tepeaquilla, a donde ahora llaman Nuestra Señora de Guadalupe, donde hace y ha hecho muchos y admirables milagros. (...) Y miren qué hay de hospitales, y los grandes perdones que tienen, y la santa casa de Nuestra Señora de Guadalupe, que está en lo de Tepeaquilla, donde solía estar asentado el Real de Gonzalo de Sandoval cuando ganamos a México; y miren los santos milagros que ha hecho y hace cada día, y démosle muchas gracias a Dios y a su bendita madre nuestra señora por ello, que nos dio gracia y ayuda que ganásemos estas tierras, donde hay tanta cristiandad."[18]

[18] González Fidel, Chávez Sánchez Eduardo, Guerrero Rosado José Luis, *Op. Cit.*

1571: La Virgen de Guadalupe y la batalla de Lepanto

[19] Orsinni Dunnington Jaqueline, *Guadalupe Our Lady of New Mexico,* Museum of New Mexico Press, Santa Fe, EUA, 1999.

Se dice que una copia de la tilma guadalupana estuvó a bordo de la nave del famoso almirante Andrea Doria en la batalla de Lepanto, en octubre de 1571, cuando derrotaron a la flota turco otomana. La imagen fue un regalo del arzobispo de México al rey Felipe II de España.[19]

Testimonio de un pirata

1568

A su paso por la zona del Golfo de México, la embarcación ingle-
sa del pirata John Hawkins sufrió un encontronazo con la flota
española del virrey novohispano. Para sobrevivir, se vio forzado a
abandonar a cien tripulantes en las costas del Pánuco. Uno de

ellos, de nombre Miles Philips, capturado y enviado después a la ciudad de México como prisionero, dejó un testimonio escrito (publicado por primera vez en Inglaterra en 1600) a su paso por Meztitlán, Pachuca, Cuautitlán y el cerro del Tepeyac:

"A otro día, de mañana, caminamos para México, hasta ponernos a dos leguas de la ciudad, en un lugar en donde los españoles han edificado una magnífica iglesia dedicada a la Virgen. Tienen allí una imagen suya de plata sobredorada, tan grande como una mujer de alta estatura, y delante de ella y en el resto de la iglesia hay tantas lámparas de plata como días tiene el año, todas las cuales se encienden en fiestas solemnes. Siempre que los españoles pasan junto a esta iglesia, aunque sea a caballo, se apean, entran a la iglesia, se arrodillan frente a la imagen y ruegan a Nuestra Señora que los libre de todo mal; de manera que, vayan a pie o a caballo, no pasarán de largo sin entrar a la iglesia y orar, como queda dicho, porque creen que si no lo hicieran así, en nada tendrían ventura. A esta imagen llaman en español Nuestra Señora de Guadalupe. Hay aquí unos baños fríos, el agua de aquí es algo salobre al gusto, pero muy buena para lavarse los que tienen heridas o llagas, porque según dicen ha sanado a muchos. Todos los años, el día de la fiesta de Nuestra Señora, acostumbra la gente venir a ofrecer y rezar en la iglesia ante la imagen, y dicen que Nuestra Señora de Guadalupe hace muchos milagros".[20]

Pintura mural de Tiburcio Sánchez de la Barquera, siglo XVIII. Capilla Guadalupana del Palacio de Minería. Ciudad de México.

[20] González Fernández, Fidel, Chávez Sánchez, Eduardo y Guerrero Rosado, José Luis, *El encuentro de la Virgen de Guadalupe y Juan Diego*, México, Editorial Porrúa, 2000.

INUNDACIONES, PESTES Y OTROS DESASTRES

Libertadora de los males de la Nueva España,
el aguacero de San Mateo, 1629

Desde los primeros años de la Conquista, enfermedades, pestes y toda suerte de desastres naturales hicieron gala de presencia en el valle de Anáhuac. El fraile Motolinía lo equiparó con las siete plagas de Egipto dándole una proporción bíblica y también una explicación divina: era el resultado natural de un castigo a los ritos "diabólicos y paganos" del pasado que ahí se practicaba a diario.

Lo cierto es que, los españoles contagiaron a los indios con enfermedades hasta entonces desconocidas y para las cuales no tenían defensas: sarampión, viruela, tuberculosis, son sólo algunas. Comenzó también el mayor desastre ecológico de un valle que a los mexicas les había llevado mucho tiempo conocer y aprender a respetar. Los conquistadores, desde el día uno de su dominio, empezaron a alterar la vocación lacustre de esta tierra para ajustar la ciudad a los carruajes, caballos y la nueva traza europea.

Al verse agredido el temperamento líquido propio de esta zona, las inundaciones tomaron proporciones desconocidas y el siglo XVI recuerda capítulos horribles, como el aguacero de San Mateo de 1629 que mató a miles de personas, en su mayoría indios, y obligó a más de diez y nueve mil familias a emigrar, quedando tan sólo cuatrocientas. La ciudad de México entonces fue conocida como la ciudad de los perros, y fuera de un islote alrededor de Catedral, todo quedó cubierto por el agua. Epidemias, derrumbes, casi todo

N.ͣ S.ͣ d.ͤ Guadalupe

ABogaᵈ de Tenblores.

lo construido hasta entonces por los españoles se vino abajo, se perdieron archivos, objetos y un sinfín de documentos esenciales para entender la historia de esa época.

Ante una situación tan crítica, se decidió trasladar (en canoa) la imagen de NS de Guadalupe a Catedral para implorar su intervención divina: "Petronila de la Concepción, una india donada del convento de Jesús María tuvo una visión, que no era cosa poco común en ese entonces. En ella veía cómo la Virgen de Guadalupe detenía las paredes de su convento para evitar que las aguas las derrumbaran. Le inquirió por qué el Cielo había enviado esta calamidad que la tenía en tan grandes trabajos, como era detener los muros de aquella casa de mujeres. La morenita respondió que bastantes eran los pecados de estas tierras para merecer un castigo peor, pero que ella, en su maternal afecto hacia la Nueva España, había logrado mediar ante su hijo, y calmar su ira con el envío de aguas torrenciales, y no de ríos de fuego. Petronila le pide le diga hasta cuándo habrían de durar las aguas a ese nivel, y, en una extraordinaria confesión, la niña celestial refiere que finalizarían en 1634".[21]

Y así fue, el nivel cedió, y ya no había motivo para seguir reteniendo a la Virgen de Guadalupe en Catedral. Se organizó un festejo para despedirla, se prendieron velas en su honor una noche antes, se lanzaron cohetes y hasta se le compuso un poema para tan emotiva despedida:

> SI VINISTEIS *por el agua,*
> *Ya, Virgen, vais por la tierra,*
> *Que, a pesar de mi pecado,*
> *Dios por vos enjuga y seca.*
>
> *(...) Coloquios, bailes, cantares,*
> *Todos, Virgen, os festejan,*
> *Que aunque sienten vuestra ida*
> *Con vuestra vista se alegran.*

[21] García Gutiérrez Jesús, *Cancionero histórico guadalupano,* Ed. Jus, México, 1947.

(...) Todas alegres llorando
Van con vos, sagrada Reina,
Haciendo promesas varias
Al Sol porque se detenga.

Buen Viaje, la mi Señora...[22]

La Virgen encontró un tanto debilitada su propia casa en 1634, las aguas habían alcanzado al cerro del Tepeyac y fue entonces que se planeó una nueva construcción de dimensiones mucho mayores. La Libertadora de las aguas, como la llamaron entonces, se ha caracterizado por tener una especial relación con esa criatura tan especial: el agua. Nadie mejor que ella para calmar la furia de este elemento y ahí donde su presencia se nombra, es indudable que siempre existirá un manantial o el recuerdo de uno o la proximidad del agua en forma de cascadas o ríos.

[22] Camacho de la Torre, María Cristina, *Fiesta de nuestra señora de Guadalupe,* Consejo Nacional para la Cultura y las Artes, México, 1991.

1648 / 49

El Bachiller Lasso de la Vega inicia la construcción para proteger el manantial en donde ocurrió la cuarta aparición y donde la Niña Celeste aguardó el regreso de Juan Diego al lado de un árbol mientras éste recogía las flores que ella había hecho brotar de la tierra del Tepeyácac. Los peregrinos llegaban de muy lejos a llevarse un poco de estas aguas con virtudes curativas, pero la descomposición ecológica del valle de México fue secando poco a poco este manantial, como tantos otros.

EL EXVOTO DE LAS VELAS

un milagro en altamar

"Combatido un buque por un fuerte temporal, perdido el timón, el rumbo y toda la esperanza de salvarse la tripulación, ésta invocó de todas veras a la Santísima Virgen de Guadalupe, haciéndole presente que si quedaba salva, la traería a presentar a su Santuario el palo de la embarcación cual se encontraba. La Santísima Virgen oyó piadosa los ruegos de sus hijos y la destrozada nave pudo entrar salva al puerto de Veracruz. La tripulación cumplió su promesa, trayendo en hombros el conjunto de palos del navío hasta el Santuario y colocando su ofrenda dentro de una construcción de piedra para defenderla de las injurias del tiempo". Irónicamente, un fuerte vendaval tiró las velas de los marinos en 1916, pero como eran ya una parte inseparable del paisaje del Cerrito, años después se volvió a construir.

CLÁSICOS

de la literatura guadalupana

1662

Primavera Indiana, poema sacro histórico. Idea de María Santísima de Guadalupe de México.

CARLOS DE SIGÜENZA Y GÓNGORA

1675

La Felicidad de México, en el principio y milagroso origen que tuvo el santuario de la Virgen María Nuestra Señora de Guadalupe, extramuros en la aparición admirable de esta soberana Señora y de su prodigiosa imagen.

LUIS BECERRA Y TANCO

1678

Non Fecit Taliter Omni Nationi, que en castellano significa: *No ha hecho así con ninguna otra de las naciones.* Lo escribió por primera vez CORNELIO GALLE sobre una estampa de NS de Guadalupe y desde entonces este epígrafe se puso de moda en toda la Nueva España para las futuras representaciones plásticas.

Anónimo,
Sor María
Antonia de
la Purísima
Concepción,
siglo XVII.
Museo
Nacional
del
Virreinato-
CNCA-
INAH.

1688

La Estrella del Norte de México.

FRANCISCO DE FLORENCIA

64

ALABA EL NUMEN POÉTICO DEL PADRE FRANCISCO DE CASTRO, DE LA COMPAÑÍA DE JESÚS, EN UN POEMA HEROICO EN QUE DESCRIBE LA APARICIÓN MILAGROSA DE NUESTRA SEÑORA DE GUADALUPE DE MÉJICO, QUE PIDE LA LUZ PÚBLICA

LA COMPUESTA de flores maravilla,
divina Protectora Americana,
que a ser se pasa Rosa Mejicana,
apareciendo Rosa de Castilla;

la que en vez del dragón —de quien humilla
cerviz rebelde de Patmos—, huella ufana,
hasta aquí inteligente soberana,
de su pura grandeza pura silla;

ya el Cielo, que la copia misterioso,
segunda vez sus señas celestiales
en guarismos de flores claro suma:

pues no menos le dan traslado hermoso
las flores de tus versos sin iguales,
la maravilla de tu culta pluma.

Sor Juana Inés de la Cruz, siglo XVII
Sonetos Sagrados.[23]

[23] Inés de la Cruz Sor Juana, *Obras Completas,* Ed. Porrúa, México, p. 206, 2001.

En este año la Virgen estrena nuevo templo y en él quedaría hasta 1976. La Antigua Basílica como la conocemos hoy día, se construyó en el mismo terreno del santuario de 1622, pero se decidió hacerla más grande y "suntuosa" para dar cabida a todos los peregrinos. De cantera y tezontle rojo, con tres puertas, tres naves con quince bóvedas y un gran retablo central para Ella. Se celebra la ocasión con un gran festejo y un sermón, del cual vale la pena destacar algunos párrafos para sentir el ánimo de la época y la hermosa comparación de cómo Ella, el Portento Celestial, la Continuada Maravilla, ya se ha "gastado" otro templo mientras su imagen permanece viva y eterna en su frágil tilma, tal como sucedió desde "el primer día".

"(...)Un templo nos pedisteis en este Monte, y tres con este, os ha consagrado, la sin igual Mexicana larqueza. Los dos primeros envejeció ya el tiempo de casi dos siglos, que no le ha roído a vuestro lienzo el menor hilo, ha deshecho sus piedras el salitroso nitro de este sitio adusto, que no ha borrado el temple de vuestra pintura el más delgado rasgo.

...Portento Celestial... sea como los dos antiguos, nuevo testigo de vuestro continuado milagro, y perpetuidad maravillosa...

....Se perpetuará con vos esta Basílica; pero más allá de los siglos os eternizareis vos en el trasumpto. Estrenad la habitación, gastadla como las otras, mudad y romped, como vestidos los templos, y este nuevo, Señora, que lo desechéis vos misma en vuestra tilma y capa: y con tal que duréis en ella, os dará México, como a su Perla, Conchas, como a su Águila, Nidos; como a su Luna, Cielos.

...Luna del Mar Mexicano, un nuevo Cielo. Aquí quiso el hijo de Dios quedarse, y aquí la madre de Dios Hijo, en su continuado milagro, quiso perpetuarse...Perla Preciosa, Imperial Águila, Luna sin mengua...

...Hecho la Reina todo el Sol a la espalda, y sin arrimo, sin fondo, a porfía de dos siglos, hoy como el primer día persiste,

y dura. ¿Y los dos Templos? Se envejecieron: ¿y sus cedros? Se apolillaron: ¿y sus piedras? Se volvieron polvo.

¿Y la imagen? Compite con lo eterno y le adelanta persistencias al mundo, duraciones al Cielo.

...Mucho tiene de parecido el templo de el mundo, este mariano templo de Guadalupe, fundado en el sitio inconstante de el Mexicano Lago; pero con la firmeza de aquel hermoso Cielo, que trasumptó en el Ayate su Dueño; y si copia el templo a su imagen, es este templo una imagen del Cielo.

...Y como a quien muda gala y estrena vestido, has de estrenar, y mudar de Templo y de Cielo, y el Cielo de tu templo se ha de mudar en una capa...

...¿Qué alas son estas que hicieron a la mujer Águila? ¿No lo hemos visto en este sitio, por su mal temple, por los aires húmedos del lago, por lo salitroso del polvo, despintarse los lienzos, comerse las piedras?, ¿no vimos el antiguo templo roído por los cimientos por el tepezquite?...

Acuérdense de aquel altar de plata que tenía la Señora, en el templo viejo; ¿no nos parecía ya de plomo?... que las piedras, el oro, la plata se han de roer, se han de gastar, y la imagen, como el primer día de su luz ha de permanecer.

...Maravillas y Milagros, pues: ¿qué será cuando la misma imagen es su mayor milagro y continuada maravilla? ...Reina y Señora Nuestra... con tal que duréis en este lienzo, México os fabricará más templos...

...El Sol, La Luna y las Estrellas siendo tan lúcidos, y enviados para la común utilidad, sin querer ser tenidos por deidades, obedecen... El capitán general de las luces, el Sol; la Luna su consorte; aunque soberanos y enviados para tanto útil de la República; y la compañía de sus astros; y sus astros en compañía, rendidos y obedientes, se postran en las aras de vuestro templo, al cielo de vuestra imagen, deseando ver vuestra cara en el Cielo de vuestro Cielo, por las duraciones eternas de la Gloria.[24]

[24] Del Sermón de Juan de Goicochea S.J., *La maravilla inmarcesible y milagro continuado de María Santísima Señora Nuestra en su prodigiosa imagen de Guadalupe de México*, (Tepeyac, 1709). Del libro. *Siete sermones guadalupanos*, de David A. Brading. *Op. Cit.*

1737

La terrible epidemia de Matlazáhuatl

En este año "tuvo lugar la decimoséptima (peste) en la serie de epidemias que asolaron a la población de la Nueva España desde la Conquista española, y (ésta) fue una de las peores..." [25]

La capital novohispana agonizaba. Brading menciona una pira funeraria que ardió más de tres meses con cuerpos descompuestos y aniquilados por la fiebre, envolviendo a la ciudad en un hedor insoportable. Al final, se contaron más de 40 000 muertos en la capital. Siempre los indios y pobres llevando la peor parte y el clero argumentando que no podía ser de otro modo por sus antiguos pecados y su idolatría. La epidemia se extendió a otros estados como Puebla y Oaxaca, cobrando miles de muertos más.

Ante la impotencia, se buscó la ayuda del Cielo. En un principio se pensó traer a la Virgen de Guadalupe de nuevo a Catedral, pero al final no se hizo. Fue entonces que el ayuntamiento, solicitando la intercesión divina de la Niñita Celeste, solicitó al arzobispo que se reconociera a NS de Guadalupe como la patrona "principal" de la capital novohispana.

La peste cedió y la Virgen de Guadalupe quedó oficialmente declarada por las autoridades como la gran patrona de la capital del reino: "Resucitó la gran México con el anuncio de la salud de sus habitantes en tan festivas demostraciones de júbilo por la jura de su Universal Patrona, de tal manera, que hasta los que se contaban cadáveres a la fuerza de la epidemia, comenzaron a reanimarse y vivificarse para celebrarla, conociendo consistía en ésta su remedio..." [26]

[25] Brading David, *La virgen de Guadalupe, imagen y tradición*, Taurus, México, 2002.

[26] Camacho de la Torre Ma. Cristina, *Op. Cit.*

1736-1743

Lorenzo Boturini Benaducci:
italiano, humanista y guadalupano

Un caso singular es, sin duda, el de este incansable viajero, humanista, hombre culto, versado en matemáticas y astrología, de origen noble y políglota. Llegó a México en 1736 y lo atrapó la ternura que todo iniciado en el arte de amar a Guadalupe siente por primera vez. La llamó "Reina de los Ángeles". Vivió los años de la peste en la capital novohispana y según León Portilla, "compartió la opinión de que gracias a ella había empezado a ceder. Desde entonces dedicó su tiempo y afanes a la búsqueda de testimonios documentales en apoyo de las milagrosas apariciones de NS de Guadalupe. Más de seis años consagró a esto, recorriendo muchos lugares y allegando viejos papeles, muchos en lengua indígena".[27]

[27] León Portilla Miguel, *Humanistas de Mesoamérica II*, Fondo de Cultura Económica, México, 2000.

En esta búsqueda se fue haciendo de documentos, manuscritos, testimonios y objetos que serían fundamentales para rehacer la historia prehispánica, en un tiempo en el cual a muy pocas personas les interesaba, y tampoco estaba bien visto por la alta jerarquía española y criolla indagar en el pasado de los valores indígenas. Boturini pensaba hacer un museo con todo aquello, además de escribir varios tomos con todas las conclusiones de sus viajes. También tuvo la ocurrencia de promover una coronación a la Virgen de Guadalupe y para ello se puso a escribir un montón de cartas para buscar apoyo y pedir limosnas para esa causa. Un nuevo virrey llegaba a México en 1742 y le indignó sobremanera la pasión de Boturini por ambos casos y argumentado que le parecía sospechoso y fuera de la ley que recabase dinero, lo mandó encarcelar y confiscó cada una de las cosas que el caballero había reunido con sus propios recursos. Al final, después de un largo proceso y de aquel tormento físico y psicológico al cual lo habían sometido, arruinado económicamente, fue enviado de regreso a Europa en un barco que sufrió el atraco de una nave pirata. Su proceso se perdió y Boturini terminó en España. Nunca pudo regresar a México, jamás supo de su valiosa colección, y aunque en España fue nombrado Cronista de las Indias y recibió la protección de un hombre justo y noble, murió profundamente afligido y sólo pudo escribir una de las obras que planeaba (todo de memoria) y que jamás vería publicada en vida: *Historia General de la América Septentrional*.

1748

Sermón Profético

El 12 de diciembre de 1748, el jesuita Francisco Javier Carranza pronuncia un encendido sermón en Querétaro, anunciando una profecía muy atrevida. David Brading lo rescata y nos presenta el suceso de la siguiente manera:

"(...) Carranza causó cierto escándalo al apoyarse en algunos comentarios acerca del Apocalipsis y proclamar que cuando el anticristo invadiera el mundo, Roma volvería a ser pagana para que el Papa se convirtiera en un peregrino.

(...) Citando la parábola de los trabajadores del viñedo, aseguró que los romanos, los primeros cristianos, abandonarían la Iglesia y que los americanos, los últimos en unirse a ella, se convertirían en los últimos guardianes del Evangelio. Después de una lucha dramática entre el anticristo y la Virgen de Guadalupe, apoyada por el arcángel Miguel, el Papa migraría a la Nueva España para convertir al santuario del Tepeyac en su catedral.

Carranza proclamó que cuando Roma esté sacrificando a Baco, incenzando a Venus, adorando a Cibeles, acá, por misericordia de la Reina de Guadalupe, se estará ofreciendo el verdadero sacrificio del altar. El Anticristo nunca triunfaría en América dada la protección eterna de la Americana Emperatriz de los Ángeles.

...La Iglesia pondrá un mar de por medio para salvarse en el Santuario de Guadalupe..."

LA TRANSMIGRACION DE LA IGLESIA
A GUADALUPE.

SERMON,

Que el 12. de Diciembre de 1748. años
Predicò,

EN EL TEMPLO DE N. S. DE GUADALUPE
DE LA CIUDAD
DE SANTIAGO DE QUERETARO,

El P. PREFECTO FRANCISCO XAVIER CARRANZA,
Professo de quarto voto de la Sagrada Compañia de Jesus.

DALO A LUZ

D. ALONSO MANUEL ZORRILLA, Y CARO,
Actual Prefecto de la Iluftre, y Venerable Congregacion de
Señores Sacerdotes de Nrà. Srà. de Guadalupe, Comiffario del
Real Tribunal de la Santa Cruzada, Juez Comiffario Vifitador
de Teftamentos, Vicario incapite, y Juez Ecclefiaftico de la Ciu-
dad de Queretaro, por el Ilmò. V. Sr. Dean, y Cabildo, Sede-
Vacante de la Metropoli de Mexico, Prebendado electo de la
Infigne Colegiata de Nra. Sra. de Guadalupe,

QUIEN LO DEDICA

A la Portentofa Imagen de Nra. Sra.
DE GUADALUPE.

Impreffo con licencia en el Colegio Real, y mas Antiguo de S. Ildefonfo de
Mexico. Año de 1749.

PATRONA NOVÆ HISPANIÆ

1754

¡Es oficial: Nuestra Señora de Guadalupe
es reconocida por el Papa como
Patrona del reino de la Nueva España!

Desde la instauración de NS de Guadalupe como patrona de la capital, empezó un largo trámite y cabildeo con Roma para ampliar "oficialmente" su reinado a toda la Nueva España. Y finalmente, el Papa Benedicto XIV, reconoce el 12 de diciembre como el día oficial de la fiesta de la Morena y la confirma como patrona de todo el reino de la Nueva España. El 13 de septiembre de 1766 México recibe públicamente una curiosa notificación: "uno de los jesuitas desterrados a raíz de la disolución de la Compañía de Jesús en 1767, Francisco Xavier Clavijero, escribió que era tal el sentimiento de gratitud por parte de los habitantes de la ciudad, que los joyeros cubrieron de plata maciza los balcones de sus casas".[29]

[29] Camacho de la Torre Ma. Cristina, *Op.Cit.*

Declaración de la Virgen de Guadalupe como patrona de la Nueva España, siglo XVIII. Colección del Museo Soumaya.

1756

Maravilla Americana

Miguel Cabrera, destacado pintor oaxaqueño del siglo XVIII, hace un análisis riguroso, con otros tres importantes pintores de la época, de la pintura donde quedó estampada la imagen de Guadalupe. Revela técnicas diferentes (óleo, temple, aguazo y labrado al temple) algo nunca antes visto, menos en un material tan pobre como el de un ayate, y declara que la conservación de la pintura es, en sí, una maravilla, un milagro.

"(...) bastaba sólo la materia de que se compone, para que a poco tiempo se deshiciera, y para que lo lloráramos ya destruido...

Es el lienzo o ayate en que está pintada la Reina de los Ángeles, de dos piezas iguales unidas, o cocidas con un hilo de algodón bien delgado e incapaz por sí de resistir cualquier violencia. Pues este frágil hilo resiste, y ha estado resistiendo por más de dos siglos la fuerza natural... El mismo frágil hilo ha resistido los embates que padece todo lienzo en las innumerables pinturas, y otras alhajas piadosas que se tocan, y han tocado a la sagrada imagen en las ocasiones en que se abre la vidriera: que aunque esto no se ejecuta todos los días; no puede menos que haber sido muchas al cabo de más de doscientos años. En una sola ocasión, por los años de 1753, que estando yo presente, se abrió la vidriera fuera de innumerables rosarios, y otras alhajas de devoción, pasaron, a mi ver de quinientas las imágenes que se tocaron a el lienzo; pues gastaron en este piadoso ejercicio varias personas eclesiásticas de distinción, más de dos horas; con lo que confirme en el dictamen que tenía formado, de parecer excento este lienzo, y su celestial pintura, de las comunes leyes de la naturaleza.

(...) Lo que sí debe por ahora excitar más la admiración es la suavidad que se experimenta en este ayate; pues toda aquella aspereza que ofrece a la vista, y que por sí debiera tener, por componerse de materia tan ordinaria, se le convierte al tacto en una apacible suavidad muy semejante a la de fina seda, como lo he experimentado las repetidas veces que he tenido la dicha de tocarlo: y ciertamente que no gozan de este privilegio los otros ayates de su especie".[31]

[31] Cabrera Miguel, Maravilla Americana y conjunto de raras maravillas observadas con la dirección de las reglas del arte de la pintura en la prodigiosa imagen de Nuestra Señora de Guadalupe de México, Ed. Jus, México, 1977.

Miguel Cabrera, sin título, 1695-1767, óleo sobre lámina de cobre. Colección Particular.

LA VIRGEN DE GUADALUPE

contra Napoleón Bonaparte

POR *MARTA TERÁN*

La Nueva España vivió una tremenda alarma religiosa las dos décadas anteriores al pronunciamiento de septiembre de 1810, con el que se inició la guerra por la independencia de México. Esta alarma nació de un temor que comenzó a incubarse lentamente, desde que se recibieron las primeras noticias de las campañas de descristianización cometidas por la revolución francesa (1789). A principios de 1793 los españoles declararon la guerra a los franceses y comenzaron a correr las noticias por todo el imperio español: los herejes franceses habían decapitado a sus reyes. Las dos autoridades, civiles y religiosas, pronunciaron condenas violentísimas por toda la Nueva España, así en las ciudades, las villas y los reales mineros, como en los pueblos, pues el temor a que España cayera en manos de los herejes invadió también a la sociedad rural. A esta causa por la defensa de la religión que tomaron como suya los fieles mexicanos, se sumó la del rey Fernando VII, cautivo en Bayona desde 1808 tras la abdicación de los reyes españoles en favor del emperador de los franceses. Bonaparte designó a su hermano rey de España, con el nombre de José I. Entonces comenzaron a asociarse las imágenes de la Virgen de Guadalupe y la del rey Fernando en las ceremonias, a invocarse a la virgen para la salvaguarda de las dos Españas pues, según la tradición, la virgen prometió dar su amor, comprensión, auxilio y defensa desde que se anunció a Juan Diego.

Al introducirse la guerra en el panorama político del imperio y en la imaginación popular, entre 1808 y 1809 en los espacios religiosos, pero también en los medios literarios y periodísticos de la ciudad de México, se insistió en la participación decidida de la Madre de Dios para vencer a los franceses y especialmente a Napoleón. El escritor nacido en Zamora, fray Manuel Martínez de Navarrete, entonces custodio de la lejana misión franciscana de Río Verde en San Luis Potosí, envió a México un poema que se publicó en una de las Gacetas, donde desestimaba que Napoleón pudiera ocupar el suelo mexicano pues a México lo amparaba el favor de la Virgen. Guadalupe podía frustrar el plan de la herejía. En él anticipó que los mexicanos se verían compelidos a tomar las armas para defender la religión y al rey Fernando, amparados en el lienzo de la patrona jurada del reino.

Alegoría de las autoridades españolas e indígenas, 1809. Patricio Suárez de Peredo. Colección del Museo Nacional del Virreinato-CNCA-INAH.

LA GENERALÍSIMA

Notas guadalupanas del siglo XIX
en la formación de una identidad nacional

1810

La madrugada del 16 de septiembre, el cura Miguel Hidalgo, a su paso por Atotonilco y en dirección a San Miguel el Grande, toma un estandarte franciscano con la imagen y el nombre de NS de Guadalupe que le sirve para reunir y convocar a más personas de las que hubiese imaginado, al grito de:

¡Mexicanos: viva la religión!

¡Viva Nuestra Madre Santísima de

Juan O'Gorman *Retablo de la Independencia de México,* (detalle) 1960-1961. Colección Museo Nacional de Historia, Castillo de Chapultepec.

Guadalupe!

¡Viva la A m é r i c a !

¡Viva Fernando VII!

¡Muera el mal gobierno!

Se gesta la idea de un México independiente. Una semana más tarde Hidalgo ocupa Guanajuato con "un ejército que componían en la mayor parte indios honderos y de flecha, y otros de garrote y lanza… Todos sumaban veintidós mil hombres, con dos cañones de madera abrazados con cinchos de hierro: la divisa de esta gavilla de tumultuarios era una asta larga con un lienzo de enrollar bastante grande, en el que aparecían pintadas sobre campo blanco las imágenes de Nuestra Señora de Guadalupe y San Miguel Arcángel; y el pie de ellas se leía estas inscripción: Viva la América Septentrional y la Religión Católica. Cada una de las cuadrillas de indios llevaba su bandera blanca, aunque pequeña con una estampa de papel de la referida imagen de María Santísima, y el grito continuo de ellos sólo era: ¡Viva Nuestra Señora de Guadalupe y mueran los gachupines!"[32]

[32] Terán Marta, *Armas de los indios y de los criollos en el inicio de la guerra por la independencia de México, 1808-1812*, INAH, Dirección de Estudios Históricos, ponencia presenta en el II Congreso Internacional "Los procesos de la Independencia de la América Española", Maracaibo, Venezuela, 2002.

Al ver que la guadalupana era invocada del lado insurgente y por parte de los indios; en una especie de desamparo espiritual, los españoles apelaron a otra advocación mariana: la Virgen de los Remedios. Por ello comienzan los enfrentamientos entre las dos imágenes, como el fusilamiento de una Virgen de Guadalupe por parte de los conservadores realistas, a favor de los Remedios. La historiadora Marta Terán nos cuenta como Mariano Matamoros declaró en una ocasión que, al ver los agravios que se estaban cometiendo a las imágenes sagradas de NS de Guadalupe, decidió convertirse a la causa rebelde y uno de sus primeros actos fue fusilar a aquellos que a su vez andaban fusilando a la protectora de la Nueva España sin asomo de arrepentimiento.

13 DE AGOSTO DE 1822

Gran cruz de la Orden de Guadalupe:
religión, independencia y unión

De nuevo un trece de agosto significativo en la historia de México. Aunque en esta ocasión el hecho no fue ningún suceso espontáneo o destinal, como la caída de Cuauhtémoc o el surgimiento de la Coatlicue. Cada trece de agosto, día de San Hipólito, se solía celebrar el triunfo de España sobre el imperio de México Tenochtitlán, y tal vez por ello el flamante y recién estrenado emperador mexicano, Agustín de Iturbide, no pudo escoger una mejor fecha para instaurar una condecoración para "premiar el mérito militar y los servicios hechos a la nación" con el nombre de la madre de la patria: Guadalupe. Ya en 1821, Iturbide había ordenado una misa de acción de gracias en el Santuario de Guadalupe por la consumación de la Independencia. Y días antes de su coronación como emperador, "tocaron las vestiduras e insignias imperiales en la santa imagen del Tepeyac, en un acto que reflejaba el gua dalupanismo de Iturbide".[33]

El 13 de agosto, en suntuosa ceremonia en la Colegiata de la Villa de Guadalupe, Iturbide fue condecorado con las insignias de gran maestro de la orden y "hecha una breve oración ante la santa imagen, pasó a colocarse en el trono que le estaba preparado. Cantóse el *te-deum*, y acabado éste, el obispo de Guadalajara acompañó al emperador desde el trono hasta el dosel, en el que estaba el obispo de Puebla que iba a celebrar la misa, en cuyas manos prestó el juramento precedido por los estatutos de la orden, por el cual los Caballeros se obligaban no sólo a defender las

Condecoración de la orden de Guadalupe. Colección del Museo Nacional de Historia, Castillo de Chapultepec.

[33] Jiménez Codinach Guadalupe, *México, los proyectos de una nación (1821-1888)*, Fomento Cultural Banamex, México 2001.

83

bases del *Plan de Iguala* y la persona del emperador, sino también a obedecer las disposiciones del gran maestre y cumplir todo lo prevenido en los mismos estatutos, en que se comprendía la íntima devoción a su patrona. Entonces se le vistió el manto y demás insignias y vuelto al trono se comenzó la misa..."[33]

CUMPLIÓ POR FIN la celestial María
la palabra que dio a los mexicanos,
expresando sus labios soberanos
que con amor de madre nos vería.

Oprimida la América gemía
en poder de los leones más tiranos,
más el águila sacó de entre sus manos
y dio la libertad que no tenía.

Separa a España del dominio indiano,
le da a Iturbide el solio, y claro indica
que en todo obró su poderosa mano.

A este favor tan grande otro se aplica,
y es que a este imperio, como tan mariano,
la abundancia del año pronostica.

Anónimo, 1823

La orden desaparece con la caída de Iturbide.

José Guadalupe Posada, siglo XIX. Colección del Museo de la Basílica de Guadalupe.

LOS GUADALUPES

Así se llamó una agrupación secreta, un grupo de espías o resistencia clandestina que no solía participar en enfrentamientos armados, pero que apoyaba la lucha por la Independencia de modos muy diversos. Entre los Guadalupes más conocidos podemos nombrar a Josefa Ortiz de Domínguez y Leona Vicario, y su *alma mater* fue el general Morelos. Las cartas que intercambiaban con él y todos los demás miembros de la agrupación eran destruidas para proteger su contenido y la vida de los integrantes. Proporcionaban a los insurgentes comida, protección y sustento; difundían impresos y servían de emisarios para hacer llegar las noticias importantes a distintos lugares de país. Intentaban cambiar de bando a los soldados del virrey y llegaron a cometer verdaderos actos heroicos. Pero la sociedad se fue extinguiendo poco a poco después de la ejecución de Morelos.

>>
Etiquetas
del siglo
XIX.
Colección
del Museo
de la
Basílica de
Guadalupe.

Los Sentimientos de la Nación

María Santísima de Guadalupe,
Patrona de nuestra libertad

En el año de 1813, en la ciudad de Chilpancingo, José María Morelos y Pavón instaló el Congreso de Anáhuac reuniendo distintas voces para dar forma a una nación que fuese común a todos.

Además del acta formal de Independencia, Morelos escribe un documento titulado: *Los Sentimientos de la Nación*, en el cual, en veintitrés puntos, sienta las bases para un proyecto de un país más justo, con miras a la igualdad, sin esclavitud, equilibrio de poderes, soberanía, proscribiendo cualquier viso de tortura y solemniza el 16 de septiembre por ser el "día en el cual se levantó la voz de la independencia y dio comienzo nuestra santa libertad, al abrirse los labios de la nación para reclamar sus derechos..."

En el punto diecinueve hace hincapié en lo siguiente:

Que en la misma (legislación) se establezca por ley constitucional la celebración del día doce de diciembre en todos los pueblos, dedi-

A las seis de la mañana del 22 de diciembre de 1815, condujeron al general Morelos desde su prisión hasta el pueblo a donde sería ejecutado, en San Cristóbal Ecatepec, al norte de la ciudad de México. Le permitieron descender en la Villa de Guadalupe y rezar arrodillado ante la Virgen, apenas unas horas antes de ser fusilado.

1824 / Guadalupe Victoria

No sirvió la aventura de un Imperio a la mexicana, y catorce años después del Grito de Hidalgo inicia el proceso de formar la República de los Estados Unidos Mexicanos. El primer presidente cambia su nombre de Félix Fernández a Guadalupe Victoria en honor a la Virgen Morena. En un período de once años, dieciséis presidentes pasarían por la silla presidencial.

1828

Un decreto presidencial de Guadalupe Victoria eleva a la Villa a rango de ciudad con el nombre de Guadalupe Hidalgo, en honor al héroe de la patria. Pero este nombre nunca ejerció la menor influencia en la población del valle de la ciudad de México y hasta la fecha el santuario es comúnmente llamado: la Villa.

1848 / Tratados de Guadalupe

(...) DEFIENDE, Virgen poderosa y pía,
nuestra bandera tricolor galana,
y a esa vecina pérfida, inhumana,
pon dique a su soberbia y osadía

En la búsqueda de una nación propia se nos fueron más de dos y medio millones de kilómetros cuadrados de territorio nacional en una guerra de dos años con Estados Unidos. Se firmó el acuerdo de paz en la Sacristía del Santuario de la Villa de Guadalupe Hidalgo el 2 de febrero de 1848. El P. Alfonso Méndez Plancarte, escribe un siglo más tarde: "Los Estados Unidos, se habían llevado con la mitad de México el corazón guadalupano de tales tierras y gentes, y en el *Tratado de Guadalupe*, que epilogó nuestra gloriosa derrota, fue entonces un obispo yanqui quién auguró –el primero–, para nuestra Guadalupana, el título continental de Nuestra Señora de América".

11 de noviembre de 1853

El general Antonio López de Santa Anna decreta el restablecimiento de la Orden de la Cruz de Guadalupe durante su última estancia en el poder. La ceremonia se lleva a cabo en Catedral. La orden vuelve a desaparecer con la caída del general en 1854.

1861 / Juárez

Dentro de las leyes de Reforma y después de suprimir el calendario religioso, el único culto y la única fiesta que respeta el presidente Benito Juárez, es la de Nuestra Señora de Guadalupe.

1862 / Intervención Francesa

> (...) HOY A LA *patria se oscurece el día,*
> *y sus hogares el furor enciende,*
> *hoy por tercera vez sé nuestro faro*
>
> *Hoy la demencia sanguinaria, impía,*
> *en tus altares nos ofende*
>
> *...hoy por tercera vez sé nuestro amparo.*

Ignacio Ramírez, el *Nigromante*

1864 / Maximiliano y Carlota

Se sabe que a su llegada a México, los nuevos emperadores (esta vez importados de Austria) hicieron una parada en el Santuario de Guadalupe. También se sabe que Carlota se volvió guadalupana y que le rezaba a la Virgen intensamente en su afán por quedar embarazada. Por su parte, durante su breve mandato como emperador, Maximiliano reestablece la Orden de la Cruz de Guadalupe por tercera y última vez.

1867

Porfirio Díaz establece su cuartel general en el Convento de las Capuchinas de la Villa, a un costado de la Basílica.

Virgen de Guadalupe, Anónimo. Siglo XVIII. Leyenda: "A devoción de Juan de la Trinidad Bautista"

LA FIESTA DE GUADALUPE

Ignacio Manuel Altamirano

"Si hay una tradición verdaderamente antigua, nacional y univer-salmente aceptada en México, es la que se refiere a la aparición de la Virgen de Guadalupe (...) No hay nadie, ni entre los indios más montaraces, ni entre los mestizos más incultos y abyectos que ignore la aparición de la Virgen de Guadalupe... En ella están acordes no sólo todas las razas que habitan el suelo mexicano, sino, lo que es más sorprendente, aun todos los partidos que han ensangrentado el país, por espacio de medio siglo (...) En el últi-mo extremo, en los casos desesperados, el culto a la Virgen Mexi-cana es el único vínculo que los une. La profunda división social desaparece también, solamente ante los altares a la Virgen de Guadalupe. Allí son igualados todos, mestizos e indios, aristócra-tas y plebeyos, pobres y ricos, conservadores y liberales... Los autores fueron el obispo español Zumárraga y el indio Juan Diego que comulgaron juntos en el banquete social con motivo de la Aparición, y que se presentan en la imaginación popular, arrodi-llados ante la Virgen en la misma grada... En cada mexicano exis-te siempre una dosis más o menos grande de Juan Diego. (...) El día en que no se adore a la Virgen del Tepeyac en esta tierra, es seguro que habrá desaparecido no sólo la nacionalidad mexicana, sino hasta el recuerdo de los moradores del México actual".

Ciudad de México, 1884.

12 DE OCTUBRE DE 1895

Coronación de la Virgen de Guadalupe

La situación de la iglesia después de las leyes de Reforma era sumamente delicada en el país y para contrarrestar aquellos malos humores se organizó un festejo por todo lo alto para coronar a una Virgen que llevaba siglos de usar corona. Solicitaron permiso al Vaticano y se pensó la celebración para el 12 de octubre de 1895, día de la raza. Cuando la noticia se hizo pública, los ánimos antiaparicionistas se encendieron por las publicaciones y opiniones de los historiadores Joaquín García Icazbalceta, Francisco del Paso y Troncoso y el canónigo del Tepeyac, Vicente de Paul Andrade. La polémica se asemeja en espíritu, motivos y actores a la pugna del siglo XVI entre Bustamante y Montúfar, y a la que se vivió en el 2002, entre los antiaparicionistas representados por el ex rector de la Basílica Guillermo Schulemburg y los defensores de la causa de Juan Diego. La eterna discusión: el origen milagroso de la imagen y la falta de documentos históricos que "comprueben" la aparición de 1531.

Del libro de la coronación de la Virgen de Guadalupe, 1895. Centro de Estudios de Historia de México, Condumex.

El día de la coronación la Virgen de Guadalupe amaneció sin su corona original, la de la tilma. Años más tarde, en su lecho de muerte, monseñor José Antonio y Plancarte y Labastida confesó haber ordenado al pintor Salomé Piña que borrara la corona de la tilma. Un escándalo.

El periódico "El hijo del Ahuizote", famoso por su tono liberal, publicó una divertida carta el 31 de julio de 1887 que nos da el tono de la noticia de la coronación. Aquí unos fragmentos de esta ingeniosa misiva firmada por la Libertadora de la Patria y dirigida a Juan Diego:

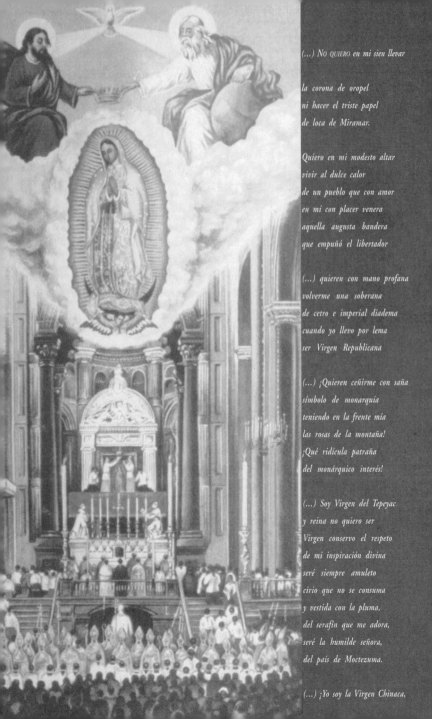

(...) *No* QUIERO *en mi sien llevar*

la corona de oropel
ni hacer el triste papel
de loca de Miramar.

Quiero en mi modesto altar
vivir al dulce calor
de un pueblo que con amor
en mi con placer venera
aquella augusta bandera
que empuñó el libertador

(...) quieren con mano profana
volverme una soberana
de cetro e imperial diadema
cuando yo llevo por lema
ser Virgen Republicana

(...) ¡Quieren ceñirme con saña
símbolo de monarquía
teniendo en la frente mía
las rosas de la montaña!
¡Qué ridícula patraña
del monárquico interés!

(...) Soy Virgen del Tepeyac
y reina no quiero ser
Virgen conservo el respeto
de mi inspiración divina
seré siempre amuleto
cirio que no se consuma
y vestida con la pluma,
del serafín que me adora,
seré la humilde señora,
del país de Moctezuma.

(...) ¡Yo soy la Virgen Chinaca,

EL SÍMBOLO NACIONAL

Manuel Gutiérrez Nájera

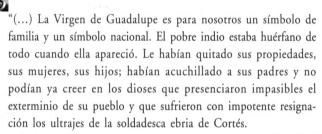

"(...) La Virgen de Guadalupe es para nosotros un símbolo de familia y un símbolo nacional. El pobre indio estaba huérfano de todo cuando ella apareció. Le habían quitado sus propiedades, sus mujeres, sus hijos; habían acuchillado a sus padres y no podían ya creer en los dioses que presenciaron impasibles el exterminio de su pueblo y que sufrieron con impotente resignación los ultrajes de la soldadesca ebria de Cortés.

(...) Aquella raza arrodillada necesitaba tener una divinidad delante y la tuvo desde entonces. El cura Hidalgo que vivía cerca de los indios y que conocía el curso que siguen las ocultas corrientes de sus cariños, tuvo una idea genial: la de escoger por estandarte la imagen Guadalupana. La insurgencia fue popular, levantó las masas, inflamó sus almas porque le animaban dos fuerzas poderosas: la fuerza de la fe y la fuerza intensa de una gran necesidad económica.

(...) Y todavía la reina apiñonada sonríe prometiendo remediar los males y abrir las puertas de otro mundo en el que no
hay siervos ni señores... ¡Buena Virgen la que ha sido madre de
todos esos huérfanos de todo!

(...) La Virgen de Guadalupe se asocia a la idea riente de la niñez,
esa niñez que se ríe más mientras se aleja de nosotros. La madre
nos enseñó a amar a esa Virgen afable, y por eso aún el que ya no
crea en su aparición ni en su existencia, suprasensible tendrá siempre que quererla... Hay muchos ateos, y ya viejos, ya curados del
vahído de poético de la juventud, que ven todavía con cariño y
ternura, una arrugada estampita de esta Virgen. Ella fue la confiden-
te de nuestros padres que para nosotros le pidieron bienes.

La noche de la incredulidad respeta algunas estrellas deján-
dolas que brillen a incalculable distancia de los hombres.

Y esa del Tepeyac es una de ellas."

Revista *El Mundo*, 13 de septiembre de 1896

Zapatistas
en el
desfile por
el zócalo,
1914.
Fondo
Casasola.
Fototeca
Nacional
del INAH-
CNCA-
SINAFO

GUADALUPE EN LA REVOLUCIÓN MEXICANA

El pueblo mexicano, después de más de dos siglos
de experimentos y fracasos, no cree ya sino
en la Virgen de Guadalupe y la lotería nacional.

Octavio Paz

A principios del siglo XX la colegiata fue elevada al rango de
Basílica y en 1910 el Papa Pío X nombró a la Virgen de
Guadalupe patrona de toda América Latina. Y nuevamente se
evoca su nombre para sellar un tratado político: *el plan de
Guadalupe,* firmado en una hacienda del mismo nombre en el
estado de Coahuila en 1913, en el que se desconoce al gobierno del general Victoriano Huerta después del asesinato del
presidente Francisco I. Madero.

Para los zapatistas de Morelos su imagen fue protección y
amuleto durante los años de la revolución y llevaban su estampa en los sombreros, la nombraban en los corridos y siempre la
empuñaban en estandartes al frente de las batallas.

Antonio
Gómez, *ca.*
1960,
Colección
Galas de
México,
Museo
Soumaya.

EL ATENTADO DE 1921

Mas ¿qué daño te hará la sierpe artera,
si su bomba infernal romper no pudo
ni el diáfano cristal de tu vidriera?

P. José Ruperto Rubio

Los ánimos de lo que sería el conflicto de la guerra cristera en México (1924-1929), alcanzaron a la imagen de Guadalupe la mañana del 14 de noviembre de 1921. Un hombre subió al altar mayor sin que nadie sospechara de sus intenciones y dejó un explosivo que hizo retumbar a toda la Basílica: "había destrozado la plancha de mármol de seis centímetros de espesor; una tarima de madera de nueve kilos de peso que sirve para colocar al Santísimo Sacramento fue arrojada a varios metros de distancia; el Santo Cristo del altar, de bronce y como de un metro de altura, yacía retorcido también a varios metros de distancia y había dispersos por el suelo varios candeleros y fragmentos de floreros de cristal; pero la imagen de la Virgen de Guadalupe no sólo había quedado intacta, sino que tampoco habían sufrido la menor lesión el cristal que la resguarda no obstante que la conmoción fue tal que se aflojaron los tornillos del cuadro de S. Juan Nepomuceno que ocupa el altar que está a espaldas del de la Madre Santísima..."[34]

> Cristo retorcido por la explosión de 1921 que se exhibe en una vitrina de la Basílica de Guadalupe.

[34] Jesús García Gutiérrez, *Cancionero Histórico Guadalupano*, Ed. Jus, México 1947.

FAVORES QUE LA GENTE PIDE

en el peñón de Jonotla, Sierra de Puebla

Protege a todos los músicos del mundo, Mariachi Alma de Acero te agradece de todo corazón, Madre Santísima de Guadalupe, por todos los apoyos que nos has brinda-

do y al mismo tiempo nos ponemos a tus pies para ofrecerte algunas alabanzas, que aunque sencillas, lo hacemos de todo corazón para ti, Madre.

Madre de Guadalupe, ayúdame a cambiar mi actitud.

Ayúdame a salir más o menos bien de la secundaria y estos meses echarle ganas al estudio.

Vírgen cuídame siempre a donde yo vaya, y que ya no sea tan enojona mi mamá ni yo tampoco.

Te pido que mi tío Juan se aleje de tomar.

No sé porque siempre sueño cosas feas, eso quiero que quites, eso, duele cabeza, espalda, estómago, los talón de pies. Gracias.

Gracias madre mía por permitirme hacer todas las cosas que te pedí y aquí esta lo que prometí, gracias.

Te pido por mi familia, amigos y enemigos..., quisiera que bendijeras a toda esta gente de la sierra.

Virgencita te pido que cuides a mis familiares, los que fallecieron y los que vivimos. Eres muy bonita y milagrosa.

Gracias mamita María...

(...) *Un* día del último de febrero, en que con meros ojos de mexicano, dentro de las naves de Guadalupe vi arder cera de los guantes, cera en los dedos de los niños, cera en el brazo del peón, cera en la viuda vergonzante, cera en la palma del oficinista, cera —en suma— en las manos abigarradas del valle, me persuadí de que la médula de la patria es guadalupana...

Ramón López Velarde, 1923

Mujeres
ante el altar
de la
Basílica,
1950.
Nacho
López.
Fototeca
Nacional
del INAH-
CNCA-
SINAFO.

WAITING FOR THE VIRGIN

Lawrence Ferlinghetti
12 de diciembre de 2002

THE NATIVES are restless
And even the dogs
                    are restless
As one big German Sheperd
runs across the roof of
the grand old Temple of
San Hipolito and San Judas
which was once the
                    chapel for
the first madhouse
                    in America

And inside the huge church
                    we see
the praying masses
praising the Virgin
For its the day of the Virgin
of Guadalupe
(the real Mexican Christmas)

And Handel's Messiah
fills the church at noon
like a great song- cloud
       a great song-cloud
       made of light

And it falls on
              a thousand praying ears
and the music
       swells in them
in the kneeling natives

And then they are all
              standing again
And here comes and old lady
carrying her mutt
       in her arms
to be blessed
And then they are all
       singing
the Guadalupana
(many out of tune
       but joyous and full of élan)
And then the blessed dog
       is carried out
       into the sunlight
which also falls
       in the faces
of all the small
       plaster statues
of all the saints for sale
       outside

but especially on the
　　　larger-than-life statue
of the Archangel
　　　Michael
conquering the devil
(his foot on his neck)
And also on the tiny statue
of San Michael
with his foot on the head
of a black child
While the dog on the roof

　　　is still running around
　　　barking at the sky
as if expecting it to fall
or as if expecting
the arrival by parachute
of the Virgin of Guadalupe
　　　herself
shining through
　　　the clouds
in gold sun light
as she floats down
arms outstrectched

to the masses below
to the astounded masses
the marveling masses
the monjas
　　　and meseros
the campesinos
　　　and obreros
the criadas and peones
taxistas and camioneros
bomberos and policías
rateros and putas
amas de casa
　　　and doñas de categoría
pandilleros
　　　and carnales
burócratas
　　　and güeyes
ambulantes
　　　and albañiles
abuelitos
　　　and abuelitas
tíos and tías
los amantes y las amantes
novios and novias
niños and niñas
　　　and niños
borrachos
　　　and locos
(and two gringos)

MANDAS Y MILAGROS

la que nunca falla

La manda es un voto, una promesa que se intercambia por un favor celestial. Algunos (muchos miles de personas) llegan de rodillas, durante el año, por la calzada de los Misterios hasta los pies de la imagen. Exhaustos, heridos, la miran, levantan los brazos con todo el cuerpo adolorido, lloran acompañados de su familia más cercana, de los amigos o de plano los más valientes van solos. Antes de volverse a poner de pie hablan con Ella, le piden, le ruegan o le dan las gracias a gritos. Así se hacen los milagros de cada día.

Interrogué a cientos de peregrinos y siempre había una pregunta que me gustaba repetir para escuchar de sus labios siempre la misma respuesta, ¿Le cumple la Virgen de Guadalupe todas sus peticiones?: "Ella nunca falla".

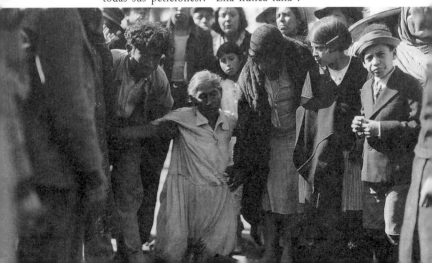

Cinco años más de vida, virgencita:

Juan B. Galindo iba a la villa de Guadalupe cada 12 de diciembre con su padre y su hermano desde Río Grande, Texas. Siempre con una manda por delante y por 30 años siguieron esa tradición hasta que murió su padre a los 55 años y después su hermano también a los 55 años. Juan siguió cumpliendo con sus mandas cada 12 de diciembre en nombre de los tres, pero cuando su cumpleaños número 55 se fue acercando, temió por su vida. Entonces le pidió a la Morena cinco años más de vida para terminar de educar a sus hijos.

El 12 de diciembre de 1996, al subir el último escalón de la Basílica, desde donde ya podía ver la imagen de la Virgen, Juan B. Galindo sintió un golpe en el pecho, su sobrino lo ayudó a recostarse y antes de morir alcanzó a meter la mano en el bolsillo de su pantalón para coger la medalla de oro de Guadalupe que pertenecía a su padre.

Ese 12 de diciembre se cumplían los cinco años de la promesa: ni un sólo día más, una promesa es una promesa.

Mandas en la Basílica de Guadalupe, *circa*. 1949. Fondo Casasola. Fototeca Nacional del INAH-CNCA-SINAFO.º

PEREGRINACIONES

hasta aquí hemos venido a traerte el corazón
y a cambio te pedimos que nos des tu bendición

Caminar es otra forma de orar para los miles de peregrinos que van a la Basílica cada año: los estudiantes, los que vienen de Puebla, los de Querétaro, los del Estado de México, las enfermeras, los taxistas, los bomberos, los músicos, los charros, la prensa nacional, los trabajadores de la cervecería Modelo, los empleados de Sanborn's, los de Hidalgo y Zacatecas, los toreros, los payasos, los futbolistas, los de Morelos, los comerciantes, maestros, los indios de la sierra de Puebla, artistas, abogados, etcétera, etcétera, etcétera.

Son tantas las peregrinaciones a la Villa que no se pueden recibir a todas el 12 de diciembre y los empleados de la Basílica tienen que armar una apretada agenda de peregrinaciones para distribuirlas a lo largo del año. De las peregrinaciones que se registran (no todas lo hacen) se cuentan 1 700 al año con un total de 18 millones de peregrinos.

Pero también están otro tipo de peregrinos, los que van solos y cuantas veces pueden, mientras el trabajo se los permita. Como el caso del taxista Hermenegildo Alarcón que pasa a verla todos los días de lunes a sábado "aunque sea un ratito" a la Villa: "le estoy agradecido por cómo nos tiene presentes –me dice– por el bienestar de mi familia y nomás no me siento a gusto el día que no puedo venir a su casa a hablar con Ella."

GUADALUPE SUBMARINA

la Reina de los mares

El 12 de diciembre de 1958 en el puerto de Acapulco, Guadalupe fue proclamada por cientos de hombres y mujeres rana y los lancheros de Caleta y la bahía principal, como la Reina de los Mares. Para tan emotiva celebración, se mando fabricar con los ahorros de toda esta gente una Virgen de dos metros y medio de altura y de 450 kilos de peso capaz de soportar los caprichos de las mareas y la sal en el fondo del mar. Este es el origen de los tradicionales paseos en lancha con piso de cristal en la bahía de Caleta, para ver a la Virgen submarina y sobre todo el 11 y 12 de diciembre, fecha en que vuelven a rendir su tributo y una decena de hombres rana baja al fondo para ofrendarle una ramo de rosas rojas.

*Gaviota Guadalupana
submarina y marinera
los ángeles te bajaron
de tu almanaque de piedra*

* Fragmento del poema de Manuel M. Ponce, Romance de NS de Guadalupe, de 1943.

*Y descendiste hasta el fondo
a tocar las entretelas
del mar que, todo amargura,
es un corazón que tiembla*

*Tus camarines de vidrio
cantan una pastorela
de rebaños escamosos
y de fósiles estrellas...* *

Desde la Basílica de Guadalupe, la nueva Reina de los Mares salió en solemne procesión el 3 de agosto de 2002 rumbo al puerto de Acapulco. La nueva escultura de 700 kilos fue trasladada sobre una camioneta a la vista de todos, adornada y escoltada por motociclistas de la Confederación Internacional. Mario Treviño, uno de los organizadores, me contó orgulloso: "para salir de la ciudad de México no hubo altos para la Reina de los Mares."

Pernoctó en Cuernavaca velada por la gente de la ciudad; en Izcatiopan, donde descansan los restos de Cuauhtémoc, la gente salió a recibirla desde un kilómetro antes; en Teloloapan les querían dar dinero por haberla llevado; en Tecpan, la velaron más de mil personas; en San Jerónimo, al padre se le ocurrió preguntarle a la gente que, aprovechando la estancia de la Reina de los Mares, le pidieran algún favor y una señora muy preocupada porque no llovía se adelantó a pedir lluvia. Y a los quince minutos comenzó una tormenta de proporciones descomunales y lo mismo ocurrió en Atoyac. En la población del Carrizal, a orillas del mar, de nuevo cuenta Mario Treviño inflamado de orgullo: "salieron más de cincuenta delfines a saludarla haciendo toda suerte de piruetas en el aire."

El puerto de Acapulco recibió finalmente a la nueva Reina de los Mares el 10 de agosto de 2002, después de siete días de procesión desde el cerro del Tepeyac.

Vela
tehuana del
Istmo,
frente a la
Catedral de
Oaxaca, *ca.*
1939.
Colección
Fotografía
Rivas.

LA VIRGEN DE GUADALUPE

vacación, respiro y baño místico

"Concurrí a diversas escuelas primarias en los años convulsivos de la revolución y fue en alguna de ellas –no en la iglesia– donde oí por primera vez de labios de un profesor normalista, el relato circunstanciado de las apariciones de la Virgen de Guadalupe, tal como había oído la historia de la reina Xóchitl y la relación épica de la conquista. No recuerdo cuántos años tenía. Desde antes, por supuesto, la Virgen me parecía tan real, tan natural y –pase la palabra– tan cotidiana como el cinturón de montañas de la ciudad de México o como la lengua que se habla en el país. Dondequiera había imágenes suyas, grandes, medianas, pequeñas y mínimas, desde el gran lienzo y el retablo hasta la medalla. No recuerdo si el relato de mi profesor, variante indudable de la crónica de Valeriano, me impresionó mucho o poco.

(...) En todo caso tengo la conciencia muy clara de haber pasado años enteros sin pensar en la Virgen de Guadalupe. Ahora sé que esto se debió a la circunstancia de que, en su forma estática y activa a la vez, la Virgen de Guadalupe no es tema de reflexión en México por cuanto es elemento de respiración. No se piensa en ella objetivamente, como no se piensa en la sangre que circula por nuestro cuerpo: sencillamente se sabe que está allí.

(...) El inspector de la policía federal (en la guerra cristera) que perseguía a los católicos y tenía Virgen de Guadalupe con veladora y todo en la conyugal recámara de su casa, decía con elocuencia en su actitud: "yo me río de arzobispos, curas y mochos de colores; pero esta Virgen es parte de mi casa y el que la toque pone a bailar el gatillo de mi cuarenta y cinco."

(...) Y todas las tribus, todos los intereses, todas las máscaras de los mitotes, coinciden en ella, paloma morena cuya piel dice al mexicano: yo soy tuya como tú eres mío. En una palabra, para el mexicano la Virgen de Guadalupe es tridimensional. NO la discute ni la analiza porque la respira y la siente en él.

(...) La Virgen de Guadalupe y su mito representan en México una de las más prolongadas palpitaciones animales que se hayan registrado en pueblo alguno después de la instauración del mito cristiano.

(...) Todos somos hijos de Huitzilopochtli: no podemos ser si no sacrificamos. Pero ocurre también que somos hijos espirituales de la Virgen de Guadalupe. Y esta Virgen, tan zarandeada por los curas del siglo XVIII, tan paseada de bandera por Hidalgo y Zapata, es para nosotros una especie de vacación o de baño místico. Su efigie preside y acompaña nuestros actos íntimos; pero no nos damos cuenta de que estamos de espalda hacia ella. El clero cree que le basta que construyamos la Plaza de la Basílica; el chofer cree que le basta llevarla en el parabrisas para no chocar; el campesino y el obrero piensan que es suficiente llamar Lupes a sus hijas. Lo espantable es que tenemos el fuego en las manos y no nos quemamos –tal vez porque somos de fuego–; que su fe nos ha hecho y que seguimos siendo paganos... Pueblo iluminado por una Virgen cuyo niño somos... No basta coquetear con la Virgen de Guadalupe, hay que desposarse con ella... Hay que poseer a la Virgen en un sentido superior y dejarse poseer por ella, en un sentido del espíritu a fin con la naturaleza y la esencia de las cosas. La Virgen de Guadalupe no es adorno, es destino." [35]

[35] Usigli Rodolfo, *Corona de Luz*, Fondo de Cultura Económica, México, 1965.

12 DE DICIEMBRE
el milagro de la fe en Guadalupe

*El mes de diciembre para el mexicano tiene jiribilla
porque se recuerdan las apariciones
del cerro que está en la Villa*

Toñito de Amecameca es uno entre tantos de los danzantes que llegan a la explanada de la Basílica a bailar en su honor cada 12 de diciembre. Toñito tiene tres cosas en la vida: un gato, una caja de cartón forrada con papeles con una ligera colchoneta que lleva de un lado a otro sobre una base con cuatro ruedas. Su hogar y su vehículo. Pero la posesión más importante de Toñito es su Virgen de Guadalupe y vive con ese sólo propósito: poder seguir bailando en nombre de Ella a donde quiera que va.

Oigo desde mi cama, en la madrugada fría, las mañanitas cantadas por hombres, mujeres, niños de todas las clases sociales. Escucho el estallido de cohetes; miro a través de las ventanas como se resuelven en lago que muy bien pudiera llamarse lágrimas de oro. En el aire del amanecer se propaga la voz de la campana, dulce sedante, como en agua temblorosa que nos bañara el corazón. ¿En qué una idea política puede interferir en estos sentimientos que de manera tan natural nos penetra, nos convoca a orar y a posternarnos? En nada, yo creo. Esa procesión que ahora adivino recorriendo la calle vecina, va cantando con sencillez y humildad, en una entrega que no puede sino promover simpatía, piedad y compasión. Dichosos los que tienen el alma así, a flor de labios. Beatos los que tienen prontas las lágrimas. Yo me cambiaría, ahora mismo, por ese niño que carga una vela adornada con papel de colores y con la que llora a la par."

Los santuarios marianos más importantes del mundo, según estadísticas del Vaticano, son:

La Basílica de Guadalupe en México

Fátima en Portugal

Lourdes en Francia

Cestochowa, en Polonia

más de 16 millones de visitantes al año

5 millones y medio

5 millones

4 millones

12 de diciembre de 2001, explanada de la Basílica de Guadalupe.

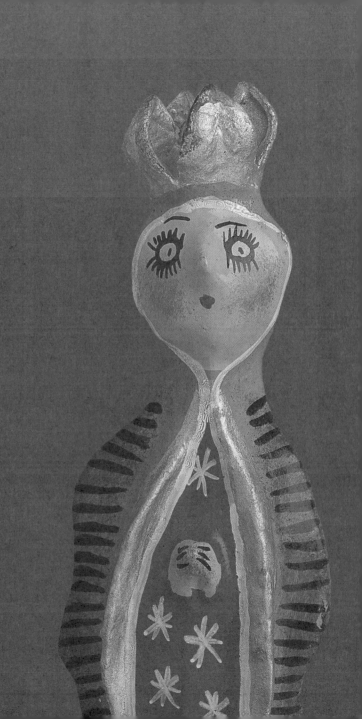

EL ARTE POPULAR
Y LA GUADALUPANA

Carlos Monsiváis

"Además de un acto de fe masiva y un espacio para el dolor y el desamparo, la guadalupana es el acto de fundación del arte popular en México, es uno de esos símbolos imprescindibles que aguarda para su plenitud el surgimiento de la nación. La Virgen se aparece en las funciones de teatro y de títeres, en los grabados de Posada, en la linterna mágica. Las diversas películas sobre la guadalupana, las obras de repertorio que recorren la provincia, la profusión de estampitas y reproducciones en madera y yeso, los cuadros de todos los tamaños, la inmensa distribución iconográfica donde María divide la patria de su imagen –su concepción en el cielo y su nacimiento en México, la convierten, sin falta alguna de respeto, en la María de Guadalupe, vecina de Nazaret y de México, blasonada de sol, luna, estrellas, ángel, *fulgens clarisima*, que persiste en sus colores tan florida y en el primer mito popular y pop de México, prodigio que se vierte en templos y estanquillos, poster que anuncia el desbordamiento de la industria gráfica, reina de los cielos y emblema del país".

Periódico Excélsior,
27 de diciembre de 1984, ciudad de México.

Arte popular guadalupano, siglo XX. Colección y fotografía de Pablo Aguinaco.

UNA VISITA INESPERADA

el Dalai Lama en La Villa

El 30 de junio de 1989, el Dalai Lama junto con otros represen-
tantes del budismo, la iglesia anglicana, católica, ortodoxa
antioqueña, ortodoxa griega, el sufismo islámico, la comunidad sefardita, y teniendo como anfitrión al Cardenal Corripio
Ahumada, celebraron en la Catedral de la ciudad de México
una oración ecuménica por la paz. Ahí estuvo Antonio Velasco
Piña como testigo de tan singular evento, y el 2 de julio, después de inaugurar la Casa Tíbet en la colonia Roma, el secreta-
rio particular del líder espiritual les dijo: el Dalai Lama desea ir
en este momento a la Basílica de Guadalupe.

"(...) La visita del Dalai Lama a la Basílica no estaba programa-
da, por tanto no había comisión alguna para recibirle y en realidad nadie de los que estaban en ese momento en el templo
podía saber quién era el personaje que ahí se encontraba. El
Dalai pasó por debajo de la imagen de la Virgen de Guadalupe
y luego buscó un lugar desde el cual poder observar detenida-
mente la más sagrada imagen de México. Permaneció un largo
rato en actitud respetuosa y reverente ante la patrona de nuestra
nación. Todos cuantos le acompañábamos hicimos lo mismo,
incluyendo los guaruras de Gobernación y los lamas. Seríamos
cuando mucho unas veinte personas.

"Salimos del templo. Eran aproximadamente las seis y media
de la tarde y el cielo estaba teñido de un color rojizo. Por la
mañana había llovido y luego un fuerte viento limpió el smog.

Por tanto había una visibilidad como pocas veces se da ya en el valle de México. A grado tal que los más antiguos mexicanos, o sea, la pareja de volcanes, podían apreciarse fácilmente desde la explanada de la Basílica. ¡Los volcanes! "Sentí el impulso de detener al Dalai Lama y de pedirle que dialogara con ellos. Una vez más fueron innecesarias las palabras. Como en realidad era lógico suponer, el Dalai Lama ya había visto a los volcanes y detenido su paso. Durante un rato se mantuvo absorto contemplándolos. Sus labios no se movieron, pero no se necesitaba ser adivino para saber que una trascendental conversación se estaba llevando a cabo entre él y nuestros más importantes guardianes".[36]

[36] Velasco Piña, Antonio, *Cartas a Elisabeth*, Ed. Grijalbo, México, 1993.

En la primavera de 1990, un grupo de lamas tibetanos del Monasterio de Ganden Shartse, viajó a México con el propósito de hacer una iniciación para mujeres de la Diosa Tara, así como danzas y cantos rituales, llevar a cabo una importante ceremonia en Teotihuacan y un homenaje a la Virgen de Guadalupe en la Villa: "(...) A sabiendas de que el acto tenía muchas y muy complejas facetas (la mayor de las cuales escaparían seguramente a mi comprensión) no podía dejar de considerar que el antecedente que explicaba el hecho histórico que estaba por presenciar había ocurrido en el Palacio de Potala en marzo de 1952. Me refiero a cuando Regina, siendo aún muy pequeña, unió para orar ante ella a las imágenes de Tara y de la Virgen de Guadalupe, originando con ello todo un revuelo en la ciudad de Lhasa, el cual tuvo un final feliz e inició un movimiento de identificación y acercamiento entre ambas devociones, movimiento que ahora iba a tener en suelo mexicano una trascendental manifestación. "A las once en punto los lamas estaban en las puertas de la Basílica. Les salió a recibir el abad del templo monseñor Schulemburg. Al compás de un himno sacro llegaron hasta el altar y ascendieron a éste. Tomaron asiento en un hilera de sillas previamente colocadas para ello. Monseñor Schulemburg pronunció unas palabras de bienvenida, reconociendo la bien ganada fama de espiritualidad y ascetismo que poseen los lamas tibetanos. Acto seguido los lamas se pusieron de pie y se colocaron exactamente frente a la venerada imagen. Grave y solemne iniciaron su cántico. Aún sin entender una sola palabra de lo que decían, la fuerza vibratoria de sus voces era de tal grado que de inmediato comenzó a generar en lo más profundo de mi ser una variada e intensa gama de emociones, un sacudimiento de adormecidas fibras internas que sólo en contadas ocasiones se logran reactivar. La infinita ternura que fluye sin cesar de la Madre atemporal y cósmica. El afán de recuperar el paraíso perdido. La insaciable sed de lo sagrado que caracteriza al alma humana. Alegría y nostalgia, éxtasis y asombro..."[37]

[37] *Ibidem*

GUADALUPE PEREGRINA

La Virgen viaja en primera a Manaos

La influencia y la devoción por la Virgen de Guadalupe va mucho más allá de la frontera mexicana. Y tal vez nosotros, por sentirla el más incuestionable estandarte de nuestra nacionalidad, sabemos poco del amor que le profesan otras naciones.

Violeta Chamorro, ex presidenta de Nicaragua, se mandó a hacer un rancho y lo bautizó en su nombre. Anastasio Somoza inauguró en la ciudad de León, en el mismo país, una plaza con el nombre de la patrona de América con honores de jefe de estado. El famoso grupo de rock irlandés U2, cuando dio su primer concierto en México, buscó el más significativo de los regalos para su representante que se retiraba después de las presentaciones mexicanas: un óleo colonial con la imagen de la guadalupana. En Colombia, es la celestial patrona de los scouts; existe un Monte Guadalupe y un antiguo ministro de educación, Germán Arciniegas, la proclamó Patrona de los Intelectuales.

En toda América no existe un solo país que no tenga un templo en su honor, una escuela, un festejo: en Argentina hay una zona que se llama Guadalupe por los milagros ahí realizados; Puerto Rico tiene su celebración; en la Habana fue coronada en 1943 derramando sobre Ella miles de pétalos de rosas; El Salvador por su parte tuvo su festejo de coronación y en Guatemala, durante algún tiempo en el siglo XVIII, se juró

a la Virgen como patrona de la ciudad de Santiago. Pero de todas las historias sobresale la de la Virgen que viajó en primera a Manaos: cuando le llamaron al asistente del director de Real Aerovías para que enviara una imagen de Guadalupe con la bendición del Cardenal de México. "La imagen bendita de Nuestra Señora no podía viajar en la carga, por eso el director le asignó un lugar en la cabina de primera clase, y así fue como la Virgen llegó a Manaos, haciendo escala en Sao Paulo y Río de Janeiro".

En Estados Unidos una de las más visitadas está en la catedral de San Patricio en Nueva York, a donde llegan hasta diez mil latinos a festejarla cada 12 de diciembre. Existen imágenes, celebraciones y santuarios en lugares tan remotos como: Japón, Corea del Sur, Taiwán, Hong Kong, Israel, la India que cuenta con su propio Lupita Hall, Nairobi en África, Kenya y también Soweto...

En Europa la más festejada es la de la capilla de Notre Dame de París cada 12 de diciembre, frente al mismo altar donde Antonieta Rivas Mercado se quitó la vida con un arma de José Vasconcelos; Biarritz tiene un santuario espléndido llamado Notre Dame des Indes; en Dubrovnik, en la antigua Yugoslavia, se encuentra un óleo dedicado a la emperatriz Carlota; en España existen un sinfín de iglesias; en Londres hay una imagen en el altar de San José en la Catedral de Westminster; en Italia los templos e iglesias son muy numerosos; tan sólo en Bolonia hay más de tres altares dedicados a Ella y en Roma hay guadalupanas en el convento de la Visitación con una imagen de Cabrera que el Papa Benedicto XIV obsequió a las religiosas del monasterio, otra en la iglesia de San Ildefonso de los Agustinos Descalzos, una más en la Iglesia de San Calixto y por último, la más famosa, en la Iglesia de San Nicola in Carcere donde se puede leer una singular inscripción: movió los ojos durante 15 días consecutivos del 15 al 31 de julio de 1796, lo que atestiguaron una multitud de fieles. La razón de tan prodi-

Catedral de Notre Dame de París, Capilla de la Virgen de Guadalupe.

gioso hecho es que la madre Santísima desea reforzar, al igual que hoy, la fe puesta a prueba por la invasión napoleónica. Su nombre es una especie de llave mágica, mencionarla es provocar una sonrisa en aquellos que la conocen y a veces una historia de sucesos extraordinarios relacionados con su presencia. Pero también presentarla a aquellos que jamás la han visto genera siempre regocijo. No viajo en mi bolsa con menos de cinco imágenes suyas, darlas es como regalar plumas preciosas de quetzal. Piden otra, la guardan en un sitio especial; pareciera que la estaban esperando, reconocen en Ella el aura de una antigua diosa, de una madre atemporal, milenaria.

Exvoto a la Virgen de Guadalupe del 11 de septiembre en Nueva York.

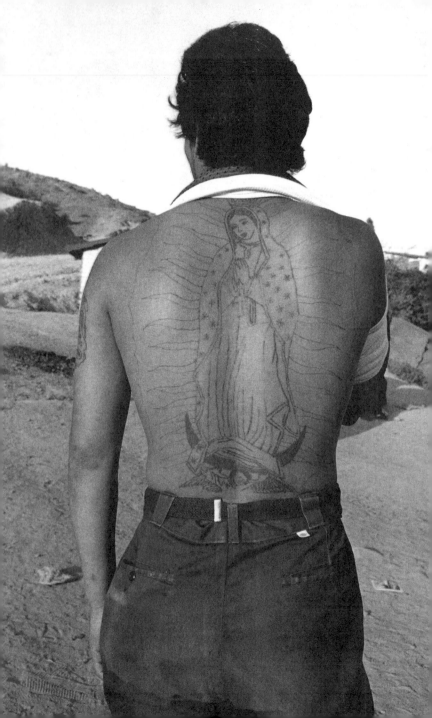

GODDESS OF AMERICA

ningún ser humano es ilegal

"Nosotros no cruzamos la frontera, la frontera nos cruzó a nosotros", es una frase que se escuchó en boca de aquellos mexicanos que de un día para otro se transformaban en ciudadanos
de un país con otro idioma, y modos muy distintos a los suyos.
Me refiero al tiempo de los *Tratados de Guadalupe*, en 1848,
cuando ondeó la bandera de las barras y las estrellas en Palacio
Nacional y perdimos más de la mitad del territorio. En el norte
quedaban, prácticamente en el limbo, alrededor de ochenta
mil a cien mil mexicanos. La gran mayoría de ellos eran
guadalupanos. Los misioneros de California, Arizona y Texas
habían dejado su semilla y aún hoy puede visitarse la misión
de San Juan Capistrano, entre San Diego y Los Ángeles, con la
iglesia y capilla en perfecto estado, fundada por fray Junipero
Serra con una Virgen de Guadalupe en el centro del altar.

José Manuel Valenzuela, del Colegio de la Frontera Norte de
Tijuana, fundado en la década de los setenta, explica –con absolu-
to manejo de causa– una compleja situación cultural en constante
movimiento: los mexicanos que cruzan la frontera y los que nacie-
ron del otro lado de padres mexicanos, los mexicoamericanos
conocidos como chicanos. "Únete Raza" es un lema –señala
Valenzuela– que viene de esa época, del siglo XIX, cuando mineros de Chile y Perú llegan a California y comienzan a llamar cholos a los mexicanos. Que viene a ser el indio que perdió su cultura
y que se integra a lo español, pero también el mexicano pobre,

La
Frontera,
1990.
Tijuana,
México

trabajador, moreno, aculturado, paje, esclavo, mozo... Todos son sinónimos. Pocho sería un mote equivalente, pero posterior, después la figura del pachuco que surge con Tin Tan en 1939 y evoluciona a mediados del siglo XX en el chicano urbano. Ya no es el cholo, el pocho del campo, el que trabaja la tierra. No, el pachuco tiene connotaciones de mafia en muchos casos y visten de una manera muy especial en las ciudades, imitando al gran Tin Tan.

Comienzan a tatuarse en las cárceles como marca de identidad, de orgullo, de guerra. Tienen lenguaje, atuendo y actitud propia. En los años sesenta muere la figura del pachuco y surge con fuerza el nuevo cholo: "¡cholo y qué!", desafiante, "¡chicano y qué!" Muchos eran hijos de pachucos y rescatan el *slang* de frontera y el caló del pachuco urbano: la banda negra en la cabeza, malla, camisa de franela, pantalones bombachos y zapato negro de charol.

La Jefita de los Barrios

Desde la revolución mexicana comienza a dibujarse el futuro problema migratorio que se agudiza en la década de los cuarenta y los sesenta con los famosos braceros.

En los cincuenta se les conoce como mojados. ¿Cuántos han muerto desde entonces? Algunos logran conquistar el sueño americano: estabilidad financiera, respeto y comidas para sus hijos en las escuelas, seguros y la posibilidad de comprar una casa; otros mueren en el desierto, en el río, en el mar o los regresa la migra después de haberse jugado todo.

Una de las características más reconocibles desde aquellos cholos del siglo XIX, es la transformación del lenguaje como supervivencia cuando la frontera les paso literalmente por encima. Nacía el *spanglish* por razones prácticas a un idioma que no comprendían y el cual les había sido impuesto de la noche a la mañana. *Te wacho al rato en la marketa* tiene un sentido práctico, de mera supervivencia, y no una conjura deliberada a la lengua castellana como algunos intelectuales han censurado respingando la nariz.

Su manera de hablar es identidad como tantas otras cosas. Recordemos que en los cuarenta los niños mexicanos eran rechazados en las escuelas *gringas* por considerarlos con retraso mental, y se veían, aún en los sesenta, letreros en los bares y sitios públicos que decían: "prohibida la entrada a negros, perros y mexicanos".

Yolanda López, de la trilogía Guadalupe runner, 1978. Colección Shifra Goldman.

Anónimo, arte chicano, década de los ochenta.

Pero los chicanos recuperan una serie de mitos mexicanos para armar su identidad y también como símbolos de resistencia. El más importante es la Virgen de Guadalupe. Y un hecho histórico marca de nuevo su presencia como estandarte en las causas de desobediencia civil que pugnan por mejorar la calidad de vida de aquellos quienes la portan. Fue el paro organizado por César Chávez, de padres mexicanos, nacido en Arizona, quien fundó la primera Unión de Trabajadores del Campo de los Estados Unidos. Enemigo de la violencia, recibiría el homenaje póstumo por parte del presidente de Estados Unidos con la Gran Medalla de la Libertad. *Boicots* y huelgas, largas marchas en las que caminaba frente al estandarte de la Virgen de Guadalupe. Le tomó cinco años, y su juventud, comprender el camino que debía andar, al final conquistó más derechos para los trabajadores, sentó un precedente de justicia, sembró la semilla de la igualdad en el patrón de color blanco y logró que prohibieran el uso de pesticidas nocivos para la salud.

Con César Chávez el orgullo chicano crece, y comienzan a verse más murales en torno a su identidad en los barrios latinos, sobre todo en California. En el *Chicano Park* de San Diego puede leerse: "Ningún ser humano es ilegal", el germen pacífico y combativo de Chávez. Recuperan el mito de Aztlán, lo usan como marca de fuego, ¿qué no habían salido los mexicas de una tierra lejana en el norte para fundar la gran México Tenochtitlán? Ellos reencontraron el Aztlán y su espíritu esta presente en la vida de los latinos del otro lado, tanto como NS de Guadalupe, Frida, Siqueiros, Villa, Zapata, la Mujer Dormida, el Ché Guevara, flores, plumas: *in xochitl in cuicatl*, flor y canto.

En el Este de Los Ángeles, California, donde la población mexicana es tan extensa como en la ciudad de Guadalajara en nuestro país; cada tienda de abarrotes tiene su mural guadalupano: es la Reina, vencedora, la guerrera de todos los días, la mera, mera, la Jefita de los Barrios...

*Mural de
Marketa*,
East L.A.,
California,
2002.

*La Jefita de
los Barrios*,
East L.A.,
Caloifornia,
2002.

ADI SHAKTI
y el reencuentro con Aztlán

Arizona y Nuevo México es el hogar de los indios navajos y otras reservas indias que todavía sobreviven. En esas tierras se pueden visitar los restos de una civilización ancestral: los Anasazi. Se dice que un día emigraron al sur, desaparecieron. ¿Podrán ser ellos nuestros antepasados, esa famosa tribu que vino del norte, de Aztlán, para fundar una nación tan poderosa como lo fue México-Tenochtitlan?

En un pequeño pueblo llamado La Española a veinte minutos de Santa Fe en Nuevo Mexico, el misterio crece. En ese poblado esta el refugio del líder espiritual de los Sikh y existe un mural dedicado a la Virgen de Guadalupe en el centro de su templo. Intrigada por el significado de este mural, la comunidad Sikh me ofreció amablemente este testimonio:

"Cuando el pintor Ed O'Brien viajó a la ciudad de México por primera vez, al final de la segunda guerra mundial, visitó la Villa y conoció la imagen de NS de Guadalupe. Al mirarla quedó transformado por una gran experiencia religiosa y con la ilusión de que otros pudieran sentir lo mismo decidió dedicarse el resto de su vida a pintarla. Cuando estaba haciendo un mural en la ciudad de Pecos conoció a unos jóvenes Sikhs que vivían en un *ashram* en Santa Fe, Nuevo México y el pintor, curioso, los interrogó acerca de su fe. En aquella conversación hablaron de Adi Shakti, quien representa el principio femenino en el Sikh Darma y el pintor comprendió de inmediato que el principio de Adi Shakti también representaba al de Nuestra Señora de Guadalupe.

"Al pintar el mural para el *ashram* situó en el centro una espada de doble filo que es el principio femenino rodeado de un círculo que representa a Dios, con espadas en ambos lados simbolizando la soberanía espiritual y temporal de este mundo. Guadalupe está en el centro del mural como principio femenino reinante, erguida sobre una media luna representada por las espadas. El pintor se impresionó al darse cuenta que, para Oriente y Occidente, este principio sagrado tiene el mismo significado. En el mural, el mismo concepto que viene de los dos extremos del mundo, se transforma en uno. En el lado derecho, el Templo Dorado de la fe Sikh de la India y del lado izquierdo, la Basílica de Guadalupe en México. La imagen de Nuestra Señora en el ayate del santo Juan Diego se filtra y se proyecta a través de Adi Shakti. También del lado izquierdo se encuentra la imagen de Yoghi Bajan, responsable de llevar el Sikh Darma a Occidente. Y a la derecha, un sikh americano que lleva el Sikh Darma de regreso a oriente. Así, Adi Shakti, después de recibir la bendición de Guadalupe, se reintroduce nuevamente en la cultura oriental.

"(...) Nuestra Señora de Guadalupe se aparece ante Juan Diego para explicarle su misión: aplastar a la serpiente malvada de la ignorancia y el abuso entre los seres humanos."

Dicen que la energía del Aztlán esta ahí, que nunca se fue, sólo renació cuando el tiempo fue propicio. De Aztlán llegaron nuestros descendientes, los que fundaron el centro de México. Entraron en decadencia sacrificando a miles de almas inocentes y después su tallo fue cortado de raíz. ¿Volverá a nacer, volveremos a ser un centro, una *kiva,* un círculo sagrado; todos los mexicanos, los de allá y los de acá? ¿A dónde se dirigen los nuevos pobladores de Aztlán?

12 DE DICIEMBRE DE 2002
EN NUEVA YORK,

antorcha guadalupana para la dignidad
de un pueblo dividido por la frontera

Guadalupe siempre ha sido estandarte de lucha y resistencia para los inmigrantes. Después del 11 de septiembre el gobierno americano sacó de su agenda la posibilidad de un acuerdo migratorio que legalizaría a nueve millones de indocumentados, de los cuales al menos cuatro son mexicanos. Al no tener papeles de trabajo reciben menos salario que cualquier persona con sus documentos en regla y se exponen a condiciones laborales injustas. "A veces nos tratan como a terroristas", declara uno de ellos "si todos nos uniéramos, mañana los gringos no tendrían qué comer."

Hace falta un milagro. Miles de corredores iniciaron la peregrinación en la Basílica de Guadalupe –con Gabriela Guevara de madrina que recibió la antorcha de manos de una mujer que perdió a su esposo en las torres gemelas– el 29 de octubre de 2002, para hacer un recorrido por nueve ciudades en México y otras treinta y nueve en la costa este de los Estados Unidos, pasando por Washington y terminando en Nueva York el 12 de diciembre en la catedral de San Patricio.

La quinta avenida se vio invadida por miles de peregrinos que gritaban hurras y porras: "aquí estamos y no nos vamos, y si nos echan nos regresamos, soy mexicano y quiero mi bandera, soy guadalupano aquí y en donde quiera". Todos cantaban una y otra vez *La Guadalupana* y los policías de la gran manzana no sabían qué hacer con tanto terrorismo guadalupano. Danzantes descalzos y semidesnudos soportaban el frío de diciembre entre el aroma de copal y *pretzels*. Por fin llegó la

antorcha y el campeón maratonista de Nueva York, Germán Silva, la recibió en cuanto se abrieron las puertas de la Catedral para llevarla hasta el altar mayor. Detrás de él venían las imágenes de NS de Guadalupe y Juan Diego que habían hecho todo el recorrido con la antorcha y los miles de peregrinos durante cuarenta y cinco días. De pronto se escucharon *Las Mañanitas*, y vi a un hombre que se le escurrían las lágrimas por ambas mejillas al tiempo que entonaba con su voz de barítono: *Morenita mía...*

<
Mural en
East L.A.,
California,
2002,

>
*Chicano
Park*, San
Diego,
California,
2002.

ARTHUR LOWLOW MEDINA:
CHICANO ES CHICANO

From me to you

Lolo, como lo llama su gente, es un chicano, un hispano, un *low rider*, pinta su carro con imágenes religiosas y al presionar un botón, la parte delantera se eleva por un sistema hidráulico que al andar se mueve y rebota. En los setenta la revista *National Geographic* lo entrevistó y publicó su foto con uno de sus primeros autos.

Pero lo que más le gusta a Lolo es pintar a la Virgen de Guadalupe y al *baby Jesus*. Ha hecho docenas de piezas que vende en su Mercadito Milagroso, a un lado del santuario de Chimayó en Nuevo México; lo atiende en persona con su esposa Joana y su hija Ana María, a quien la Virgen salvó muy niña de una muerte segura, al igual que a su padre de un cáncer de colon. "Yo la conozco bien" dice Lolo, "porque la he pintado un montón de veces, por eso cuando se me acercó una morrita muy joven, no podía parar de llorar, no podía enfrentarla, porque era el espíritu de Ella; yo lo sé porque la pinto y era igual, la misma luz. El Dios te da muchas señas. *We have to have our sword really sharp to fight back and trunch the bad roots and* sembrar *the good seeds*".

Al final Lolo detecta arcángeles en el cielo y nos regala tres cruces, aclarando que son el Padre, el Hijo y el Espíritu Santo, que él mismo hizo con alambre de púas y pequeñas turquesas: "Me tomó mucho tiempo figurarle, el *holy spirit* me decía espera, ya va, ya va...", y hoy, Lolo, quien entendió a qué lo mandaron a esta tierra, interpreta las señales de su Dios con quien mantiene un intenso y divertido diálogo de tiempo completo, y transmite su esencia a cada uno de nosotros, los que tenemos la suerte de pasar por el Mercadito Milagroso.

MORGAN EAGLE BEAR,
BISNIETO DEL APACHE JERÓNIMO

la aparición de la Virgen de Guadalupe
a los indios Maorís de Nueva Zelanda

Morgan nació en una reserva apache en el norte de Nevada, bisnieto del famoso Jerónimo, muy pronto empezó a trotar por todo el mundo al son de una guerra santa: salvar a quien pueda de la mediocridad espiritual. Oficialmente ha adoptado a veinticinco niños que crió y mantuvo, y a otros tantos no oficiales. Tiene amigos en los cinco continentes, le ha salvado la vida a no sé cuántas personas y habla sin pudor sobre las tareas para las cuales fuimos creados. Su debilidad son los cigarros, *Garfield*, la comida, sus perros y México. Colecciona dragones (con quien personalmente ha sostenido varios encuentros), y si algo lo caracteriza es el buen humor e interminables gestos de generosidad.

Lleva turquesas en el cuello con un inmenso rubí rojo, aretes de ángeles y tiene tatuados en el cuerpo sus animales protectores: el oso, el águila, el dragón y el tigre; una cruz celta y, en la pantorrilla, a Jerónimo. Morgan es un maestro y también un guardián, "soy un loco", dice muerto de risa mientras enseña sus cuentitas fluorescentes que lleva al final de sus trenzas. Si hubiera que ir en busca del espíritu del mago Merlín a alguna parte del planeta, habría que ir a las Montañas Brumosas de Carolina del Norte. Da felicidad verlo beber un *vanilla punch* en las rocas en una copa elegantísima que se trajo de Francia.

Su vida es tan vasta como su cuerpo. Ahí, en medio de todo, está la Virgen de Guadalupe que se le apareció cuando tenía tres años: "a nosotros nos cuida el Santo Niño de Atocha, pero

la Virgen de Guadalupe es la que protege a la tierra y a los indígenas de todo el mundo, la conocen en África y hasta en Rusia; ella vino a cuidar a los inocentes, a los que mantienen vivos los ritos, las ofrendas; la cercanía con Dios. Cuando mis alumnos la miran, ven la esperanza, y la esperanza en sí es un milagro..." Las conversaciones difíciles las lleva a cabo en la cocina de su cabaña, en presencia de un altar guadalupano que vino abrazando en un avión. En la sala está una talla de madera de la Virgen, obra de artesanos de Guerrero y que los concheros le regalaron en una de sus múltiples visitas a nuestro país. "Para que México vuelva a ser un ombligo, tiene que unirse y dejar de lado sus diferencias", comenta Morgan.

A donde él viaja, lleva al cuello la medalla de oro con la Virgen de Guadalupe que le regalaron los huicholes en Jalisco. Un día Morgan llegó a Nueva Zelanda, los maorís solicitaron su presencia en el bosque sagrado para resolver un legendario problema de tierras.

Cuando lo vieron llegar se arrodillaron, y le dijeron: "Ella fue la que vino a vernos" señalando su medalla de oro. Morgan les mostró otras vírgenes, pero ellos volvían a señalar a Guadalupe. Fue en una cascada -le narraron-, los grandes sacerdotes hacían un rito de purificación y entonces la corriente de la cascada, en una confusión de ruido, agua y bruma, comenzó a devolverse y se dibujo la silueta de la Virgen. Desde aquel día, los maorís quedaron prendados de Ella.

Los maorís bautizaron a Morgan como jefe de jefes, mayor de mayores, Tohunga de Tohungas. Así se cumplía la profecía: un extranjero llegaría a salvarlos de su desintegración. Cada vez que el Tohunga de Tohungas daba un consejo, llovía para alivio de los maorís. Por ello le dieron a Morgan las capas sagradas de plumas y las varas de poder, para que fuera él quien las cuidara.

Años más tarde, Morgan regresó con ocho mexicanos cargados de guadalupanas de la Villa, para repartirlas entre los maorís, y desde entonces esta tribu tiene a la Madre Mexicana en un sitio muy especial de su bosque en Nueva Zelanda.

MARIOFANÍAS

guadalupanas

Foto: REFORMA/ Óscar Mireles

Dicen que, tan solo en 1998, hubo más de cuarenta mariofanías guadalupanas: debajo de los puentes, en la construcción del metro, en una tortilla, en algunos árboles de distintos camellones, en las paredes y hasta en ¡el sartén donde comía un perro en un conocido barrio de Tijuana! Este exceso de mariofanías, parece una paradójica revancha, sana y bromista, a los ataques que sufría Guadalupe en la década de los noventa por tan afamados antiaparicionistas como: Edmundo O'Gorman, Xavier Noguez y el abate Schulemburg (llamado popularmente "Chulembur").

La quinta Virgen

■ *La figura quedó marcada en el pavimento de la calle Olivar en la colonia Progreso pero también, dicen los vecinos, marcará su vida.*

▶ Es la quinta vez, desde 1988, que se reportan supuestas apariciones.

▶ Tiene **dos días** que los vecinos se percataron.

▶ La aparición generó, además, **el cierre de la calle**.

▶ La imagen **está rodeada** con cinta adhesiva, decenas de veladoras y flores.

▶ Las autoridades Álvaro Obregón apoyarán el proyecto que decidan los vecinos.

Regalo del asfalto **(2B)**

LIBERTADORA DE LAS AGUAS

haciendo gala de sus poderes

Ésta es la breve reseña de la foto. Resulta que el día 5 de octubre del 2001, entre las diez y las doce de la noche, empezaron a bajar las aguas del río Tepango en Tuxtla, Veracruz, después de varios días de desastres y pérdida de inmuebles y bienes de las casas de los ribereños. Fue una gran sorpresa cuando quedó develada la imagen de la Virgen de Guadalupe sobre una pared de la casa cercana al puente principal de la ciudad de Santiago Tuxtla.

Los vecinos y habitantes que esperaban el milagro de la bajada de las aguas, se congregaron ante las orillas del río con cables y amarrados llegaron hasta la aparición y empezaron a orar con fervor. En la actualidad cada año celebran en esa fecha llevándole mariachis y ofrendas, y todo el año le llevan veladoras y flores. Los sacerdotes no lo corroboraron, pero el obispo dice discretamente que sí. La dueña de la pared ha intentado borrarla con zacate y cepillos varias veces, no le gusta. Pero la imagen permanece.

Norma Turrent
Tuxtla, Veracruz.

JUAN PABLO II

un Papa Guadalupano

Ningún Papa en la historia del cristianismo había estado jamás en el cerro del Tepeyac. Cuando Juan Pablo II, en 1978, manifestó su deseo de ir a México en su primer viaje como Pontífice, el presidente José López Portillo entró en un serio dilema: ¿cómo podía darle una visa al representante de un Estado con el cual México no tenía relaciones? Al final se encontró el modo y Karol Wojtyla entró a suelo mexicano precedido de un protocolo muy sencillo. Y el susto que se llevó el presidente y la prensa nacional cuando aquel atlético hombre, al bajar las escaleras del avión, se tiró al suelo a besar el territorio nacional como un sello muy personal de respeto. El mariachi le cantó un clásico *Cielito Lindo* y la gente improvisó hurras y porras, inaugurándose así el romance de Wojtyla con el alma de México.

Juan Pablo II comenzaba a hacer historia y no se detendría a lo largo de más de dos décadas. En una de sus primeras declaraciones en México, en 1978, dijo enfáticamente: "me atreví a hacer este viaje sabiendo que la Virgen de Guadalupe me ayudaría, como lo hizo Czestochowa en Polonia durante los veinte años de mi obispado. Quiero arrodillarme ante Ella para invocar su protección al principio de mi pontificado y poner en sus manos el futuro evangélico de América Latina". En el avión ya le habían entregado,

una caja de Olinalá con tierra del cerro sagrado del Tepeyac. Y del aeropuerto se fue directo a oficiar una misa a Catedral a donde miles de personas lo esperaban. Quedó profundamente afectado por el recibimiento en las calles y comprendió la importancia de llevar personalmente su mensaje. En México los periodistas se deshacían en elogios: *júbilo inenarrable; ¡lo aclaman hasta el delirio!; catarsis general en el Zócalo ante el hombre de Cracovia; cientos de miles arrodillados en la explanada para escuchar misa; tiene el rostro de un predestinado, la expresión de una languidez indecisa entre el sufrimiento y la pasión; ¡queremos ver al Papa!; nada malo puede ocurrir hoy en México...* Y Juan Pablo II no se aguantó las ganas. En Catedral pronunció una frase que nos quedamos para siempre: "de mi patria se suele decir Polonia *semper fidelis*, yo quiero decir también: ¡México siempre fiel!"

Nuestra entrega no se parece a ninguna, más que a la de un polaco tomando a la madre como estandarte (en Cracovia y también en el Vaticano con la M de María en su emblema) para recuperar la fe perdida. Al otro día se fue a primera hora a la Basílica a verla a Ella: "¡Salve Madre de México!, Sierva del Señor, ayúdanos a ser fieles dispensadores de los grandes misterios de Dios". Después haría un acto sin precedentes: mandaría a construir una capilla guadalupana a un lado del sepulcro de San Pedro en el corazón del Vaticano, justo a la entrada de los sepulcros papales. Se dice, que en sus habitaciones estaba la Virgen de Guadalupe cerca de la otra Morena consentida: Czestochowa.

A lo largo de las tres visitas que siguieron a México, llevó siempre un mensaje de paz y amor, y en una de ellas, amplió el reinado de la Virgen de Guadalupe a Reina de América boreal y austral. Cada visita fue tanto o más emocionante y multitudinaria que la anterior. Y en la quinta visita, "la última", a Juan Pablo II no le quedó más remedio que dejar el corazón en México:

"Me voy pero no me voy, me voy pero no me ausento, me voy pero les dejo mi corazón, México lindo, que Dios te bendiga..."

En medio de fuertes polémicas, opiniones encontradas y una grave crisis en el interior de la Iglesia, logró realizarse una ceremonia histórica de canonización: bailes indígenas y el canto de los caracoles, las indias oaxaqueñas se atrevieron a hacerle una limpia a su Santidad. Juan Pablo II logró despedirse de la Virgen del Tepeyac:

"Con enorme gozo he venido hasta esta Basílica, corazón mariano de América... México necesita a sus indígenas y sus indígenas necesitan a México, yo llevo el corazón del mexicano adentro de mi corazón, ❀ bendito Juan Diego, indio bueno y cristiano, dichoso Juan Diego, hombre fiel y verdadero, ¡enséñanos el camino que lleva a la Virgen Morena del Tepeyac! ❀

BIBLIOGRAFÍA

Anónimo, *Guadalupe*, tomado de *Nican Mopohua*, versión de 1926, en Santa María Tonatzin, Virgen de Guadalupe, Fondo de Cultura Económica, México, 1999.

Aste Tönsmann, José, *El secreto de sus ojos. Estudio de los ojos de la Virgen de Guadalupe*, Tercer Milenio, México, 1998.

Bandera de México, presentación de Alfonso García Macías, Miguel Ángel Porrúa Librero-Editor, México, 1996.

Best Maugard, Adolfo, *Método de dibujo*, UNAM, México, 1923.

Boturini Benaduci, Lorenzo, *Historia General de la América Septentrional*, UNAM, 1990.

Brading, David A., *La Virgen de Guadalupe. Imagen y tradición*, Taurus, México, 2002.

Brown, Peter, *The Cult of the Saints*, University of Chicago, EUA, 1981.

Cabrera, Miguel, *Maravilla Americana y conjunto de raras maravillas observadas con la dirección de las reglas del arte de la pintura en la prodigiosa imagen de Nuestra Señora de Guadalupe de México*, Editorial Jus, México, 1977.

Camacho de la Torre, María Cristina, *Fiesta de nuestra señora de Guadalupe*, Consejo Nacional para la Cultura y las Artes, México, 1991.

Chávez Sánchez, Eduardo, *Juan Diego. La Santidad de un indio humilde*, periódico El Ayate Guadalupano, editado y publicado por la insigne y nacional Basílica de Guadalupe, México, s/f.

———— *Juan Diego. El mensajero de Santa María de Guadalupe*, Instituto Mexicano de Doctrina Social Cristiana, México, 2001.

————, *Juan Diego. La Santidad de un indio humilde*, Ediciones Basílica de Guadalupe, México, 2001.

Códices Prehispánicos, Arqueología Mexicana, vol. IV, núm. 23, México, enero-febrero 1997.

Davis, Lucile, *Cesar Chavez*, Bridgestone Books, EUA, 1998.

De Sahagœn, Fray Bernardino, *Suma Indiana*, introducción y selección de Mauricio Magdaleno, UNAM, México, 1943.

De la Cruz, Sor Juana Inés, *Obras completas*, prólogo de Francisco Monterde, Editorial Porrúa, México, 2001.

Díaz Cíntora, Salvador, *Xochiquétzal. Estudio de mitología náhuatl*, UNAM, México, 1990.

Dos siglos de hallazgos, Arqueología Mexicana, vol. V, núm. 30, México, marzo-abril 1998.

Escalada, Xavier, *Guadalupe. Arte y esplendor*, Fernández Cueto Editores, México, 1989.

El Congreso de Anáhuac, selección documental, Editorial Porrúa/Instituto de Estudios Parlamentarios Eduardo Neri/LV Legislatura H. Congreso del Estado de Guerrero, México, 1998.

El Divino Pintor: La creación de María de Guadalupe en el taller celestial, Museo de la Basílica de Guadalupe, México, 2001.

El mundo Guadalupano, Somos, año 12, núm. 214, México, diciembre 2002.

El Reloj Guadalupano, Año Jubilar Guadalupano, México, 1938.

Elizondo, Virgilio *et al.*, *Un retiro con Juan Diego y María de Guadalupe*, Grupo Editorial Lumen, Argentina, 2002.

El origen indígena de las ciudades de México, México en el tiempo, año 3, núm. 21, Instituto Nacional de Antropología e Historia/México Desconocido, México, noviembre-diciembre 1997.

Estudios de Historia Novohispana, vol. 19, UNAM, México, 1999.

Fernández del Castillo, Francisco; García Granados, Rafael; Mac Gregor, Luis; y Rossel, Lauro E., *México y la Guadalupana, La enseñanza objetiva*, México, 1931.

Fray Bernardino de Sahagún. Investigador de cultura prehispánica, Arqueología Mexicana, vol. VI, núm. 36, México, marzo-abril 1999.

Fontana, David, *El lenguaje secreto de los símbolos. Una clave visual para los símbolos y sus significados*, Editorial Debate/Círculo de Lectores, Barcelona, 1993.

García Gutiérrez, Jesœs, *Cancionero Histórico Guadalupano*, Editorial Jus, México, 1947.

García Samper, Asunción; y Salazar y Salazar, Enrique, *El mensajero de la Virgen*, Ideal Editores, México, 2001.

Gendrop, Paul, *Arte Prehispánico en Mesoamérica*, Editorial Trillas, México, 1970.

González Fernández, Fidel; Chávez Sánchez, Eduardo; y Guerrero Rosado, José Luis, *El encuentro de la Virgen de Guadalupe y Juan Diego*, Editorial Porrúa, México, 2000.

Grajales, Gloria; y Burrusernst, J, *Guadalupan Bibliography*, Georgetown University Press, Washigton D.C., EUA, 1986.

Griffith, Jim, *Saints of the Southwest*, Rio Nuevo Publishers, Tucson, Arizona, 2000.

Guerrero Rosado, José Luis, *El Nican Mopohua. Un intento de exégesis*, t. I y II, Universidad Pontificia de México, Ed. Realidad, Teoría y Práctica, México, 1998.

————, *Flor y canto del nacimiento de México*, Ed. Realidad, Teoría y Práctica, México, 2000.

————, *Los dos mundos de un indio santo. Cuestionario preliminar de la beatificación de Juan Diego,* Ed. Realidad, Teoría y Práctica, México, 2001.

Hanut, Eryk, *The road to Guadalupe. A modern Pilgrimage to the Goddess of the Americas,* Tarcher/Putnam, EUA, 2001.

Hernández Illescas, Juan Homero; Rojas, Mario; y Salazar S., Enrique R., *La Virgen de Guadalupe y las estrellas,* Centro de Estudios Guadalupanos, A.C., México, 1995.

Hernández Illescas, Juan Homero, *La Virgen de Guadalupe y la Proporción Dorada,* Centro de Estudios Guadalupanos, A.C., México, 1999.

Historia del S.D. Juan Diego, Centro de Estudios Guadalupanos, México, 1989.

Indígenas en la ciudad de México, Ce-Ácatl, núm. 101, México, verano de 1999.

Jiménez Codinach, *México su tiempo de nacer 1750-1821,* Fomento Cultural Banamex, A.C., México, 1997.

Juan Diego, Revista Guadalupana, año XVIII, núm. 216, México, noviembre de 1957.

Lafaye, Jaques, *Quetzalcóatl y Guadalupe. La formación de la conciencia nacional en México,* prefacio de Octavio Paz, Fondo de Cultura Económica, 1977.

León-Portilla, Miguel, *Literaturas indígenas de México,* Editorial Mapfre/Fondo de Cultura Económica, México, 1996.

————, *Humanistas de Mesoamérica II,* Fondo de Cultura Económica, México, 1997.

————, *Quince poetas del mundo náhuatl,* Editorial Diana, México, 2000.

————, y Silva Galeana, Librado, *Huehuehtlahtolli. Testimonio de la antigua palabra,* Secretaría de Educación Pública/Fondo de Cultura Económica, México, 2000.

————, *Tonatzin Guadalupe. Pensamiento náhuatl y mensaje cristiano en el "Nican Mopohua",* El Colegio Nacional/Fondo de Cultura Económica, México, 2001.

Lomelí, Francisco A., Sorell, Víctor A., y Padilla, Genaro M., *Nuevomexicano Cultural Legacy,* University of Mexico Press, Albuquerque, EUA, 2002.

Medina Estévez, Jorge, *Juan Diego y la Santísima Virgen María de Guadalupe,* Editorial Verdad y Vida, México, 1992.

Mini, John, *The Aztec Virgin. The Secret Mystical Tradition of Our Lady of Guadalupe,* Trans-Hyperborean Institute of Science Publishing, Sausalito, California, EUA, 2000.

Montes de Oca, Luis T., *Las tres primeras ermitas Guadalupanas del Tepeyac,* Imprenta Labor Mix, México, 1937.

Mother Worship. Theme and Variations, James J. Preston, Editor, The University of North Carolina Press, Chapel Hill, EUA, s/f.

Moya García, Rafael; Guinea, Wifredo; y Serrano, Antonio, *Historia de las apariciones de la Santísima Virgen de Guadalupe en dibujos,* Obra Nacional de la Buena Prensa, A.C., México, 1987.

Muriel, Josefina; Valero de García Lascuráin, Ana Rita; y Romandía de Cantú, Graciela, *La tradición de las Pastorelas Mexicanas,* prólogo de Manuel Ramos Medina, obra original de Carmen Parra, Un olivo ediciones, México, 1996.

Noguez, Xavier, *Documentos guadalupanos. Un estudio sobre las fuentes de información tempranas en torno a las mariofanías en el Tepeyac,* El Colegio Mexiquense A.C./Fondo de Cultura Económica, México, 1993.

O'Gorman, Edmundo, *Destierro de Sombras. Luz en el origen de la imagen y culto de Nuestra Señora de Guadalupe del Tepeyac,* UNAM, México, 2001.

Olimón Nolasco, Manuel, *La búsqueda de Juan Diego,* Plaza & Janés, México, 2002.

Olivares R., Sebastián,—*Catecismo Guadalupano, Español y Tarasco para instrucción y beneficio de los indígenas michoacanos,* Universidad Michoacana de San Nicolás de Hidalgo / Instituto de Investigaciones Históricas / Grupo de Estudios del Pueblo Purépecha K'uaniskuiarani, México, 1999.

Orsinni Dunnington, Jaqueline; y Mann, Charles, *Viva Guadalupe! The Virgin in New Mexican Popular Art,* Museum of New Mexico Press, Santa Fe, EUA, 1997.

————, *Guadalupe Our Lady of New Mexico,* Museum of New Mexico Press, Santa Fe, EUA, 1999.

Peñalosa, Joaquín Antonio, *Poesía Guadalupana siglo XX,* Ed. Jus, México, 1989.

Religiosidades, Revista de la Universidad Nacional Autónoma de México, núm. 610, abril 2002.

Ritos del México prehispánico, religiosos, mágicos, adivinatorios, Arqueología Mexicana, vol. VI, núm. 34, México, noviembre-diciembre 1998.

Robelo, Cecilio A., *Diccionario de mitología Nahoa,* Editorial Porrúa, México, 1982.

Rodríguez, Mariángela, *Mito, identidad y rito, mexicanos y chicanas en California,* CIESAS/Miguel Ángel Porrúa Librero-Editor, México, 1998.

Rodriguez, Jeanette, *Our Lady of Guadalupe. Faith and Empowerment among Mexican-American*

Women, foreword by Fr. Virgilio Elizondo, University of Texas Press, Austin, EUA, 1994.

Rojas Sánchez, Mario, Guadalupe, *Símbolo y Evangelización,* impreso en Design & Digital Print, México, 2001.

Ruiz Salvador, Federico, *Caminos del espíritu, compendio de teología espiritual,* Editorial de Espiritualidad, Madrid, 1998.

Sahagún, fray Bernardino, *Historia general de las cosas de Nueva España,* 2 v., edición de Alfredo López Austin y Josefina García Quintana, Alianza Editorial Mexicana/CNCA, México, 1989.

Saqueo y destrucción, un futuro sin pasado, Arqueología Mexicana, vol. IV, núm. 21, México, septiembre-octubre, 1996.

Santos, visionarios y viciosos, Paréntesis, año II, núm. 15, México, abril, 2002.

Schreiner, Klaus, *María virgen madre reina,* Herder, Barcelona, 1996.

Schulenburg, Guillermo; González, Javier; Ramírez, Alfredo; y Cenobio, José, *Guía histórica del recinto del Tepeyac y Basílica de la Virgen de Guadalupe,* I y N Basílica de Guadalupe, México, s/f.

Séjourné, Laurette, *Arqueología del Valle de México, 1 Culhuacán,* Instituto Nacional de Antropología e Historia, México, 1970.

———, *El universo de Quetzalcóatl,* prefacio de Mircea Eliade, Fondo de Cultura Económica, México, 1989.

Senties R., Horacio, *La Villa de Guadalupe, historias, estampas y leyendas,* Departamento del Distrito Federal, 1992.

Siete Sermones Guadalupanos (1709-1765), selección y estudio introductorio de David A. Branding, Centro de Estudios de Historia de México Condumex, México, 1994.

Tibón, Gutierre, *Historia del nombre y de la fundación de México,* prólogo de Jacques Soustelle, Fondo de Cultura Económica, México, 1997.

Tira de Tepechpan. Códice colonial procedente del Valle de México, edición y comentarios por Xavier Noguez, Biblioteca Enciclopédica del Estado de México, México, 1978.

Usigli, Rodolfo, *Corona de luz,* Fondo de Cultura Económica, México, 1992.

Vargas Hugarte, Rubén, *Historia del culto de María en Iberoamérica y de sus imágenes y santuarios más celebrados,* II vols., Talleres Gráficos Jura, Madrid, España, 1956.

Vázquez Santa Ana, Higinio, *Juan Diego,* Ediciones Museo Juan Diego, México, 1961.

Velasco Piña, Antonio, *Tlacaelel. El azteca entre los aztecas,* Editorial Jus, México, 1985.

———, *Regina, 2 de octubre no se olvida,* Grijalbo, México, 1987.

———, *Cartas a Elisabeth,* Grijalbo, México, 1993.

Veraja, Fabijan, *Le Cause di Cannonizzazione dei Santi,* Libreria Editrice Vatican, Città del Vaticano, 1992.

Virgen de Guadalupe, Guía México Desconocido, edición especial, México, noviembre de 2000.

Visiones de Guadalupe, Artes de México, núm. 29, México, 1999.

Zárate, Julio, *José Morelos, ensayo biográfico,* Miguel Ángel Porrúa Librero-Editor, México, 1987.

Zerón-Medina, Fausto, *Felicidad de México. Centenario de la Coronación de María de Guadalupe,* Editorial Clío, México, 1995.

———, *Felicidad de México. Centenario de la Coronación de María de Guadalupe,* Editorial Clío, 2da. ed, México, 1997.

Niño Fidencio Síntora Constantino, autor de miles de curaciones milagrosas. Espinazo, Nuevo León, México

GUADALUPE, de Carla Zarebska se terminó de imprimir en noviembre de 2006 en Gráficas Monte Albán, S.A. de C.V. Frac. Agro Industrial La Cruz El Marqués, Querétaro, México